Impressum
Verlag: BABADADA GmbH, Nedderfeld 112 , 22529 Hamburg
Geschäftsführer / Verlagsleitung: Harald Hof
Druck: Books on Demand GmbH, In de Tarpen 42, 22848 Norderstedt

Imprint
Publisher: BABADADA GmbH, Nedderfeld 112 , 22529 Hamburg, Germany
Managing Director / Publishing direction: Harald Hof
Print: Books on Demand GmbH, In de Tarpen 42, 22848 Norderstedt, Germany

1

ቤት-ትምህርቲ

škola

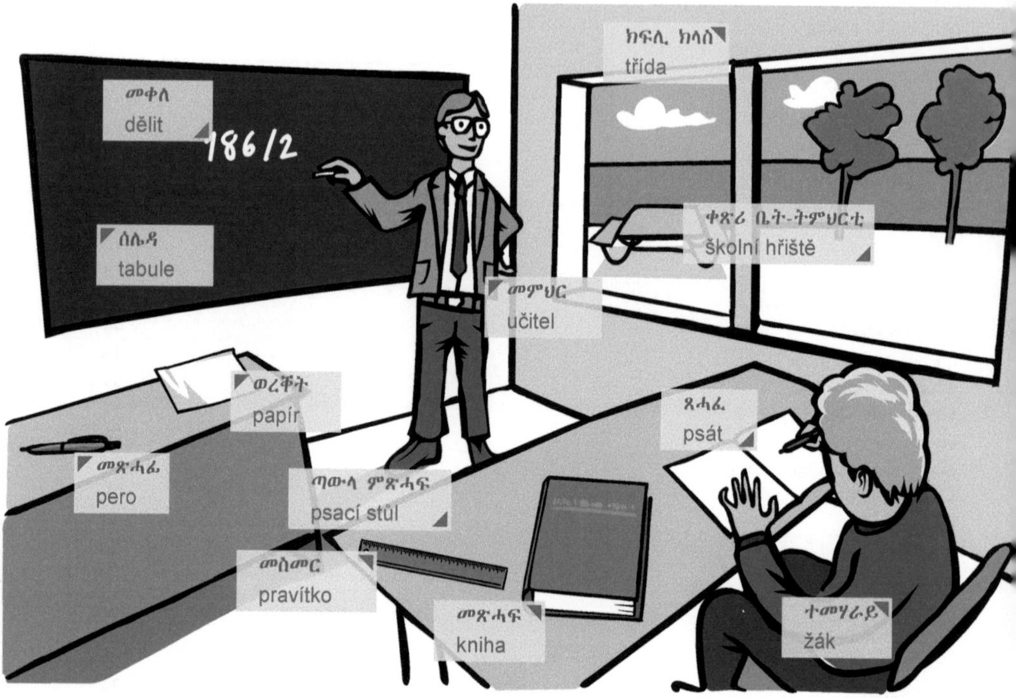
ክፍሊ ክላስ
třída
መቀለ
dělit
186/2
ሰሌዳ
tabule
ቀጽሪ ቤት-ትምህርቲ
školní hřiště
መምህር
učitel
ወረቐት
papír
ጸሓፈ
psát
መጽሓፊ
pero
ጣውላ ምጽሓፍ
psací stůl
መስመር
pravítko
መጽሓፍ
kniha
ተመሃራይ
žák

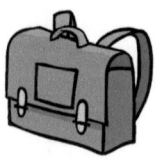

ሳንጣ ትምህርቲ

aktovka

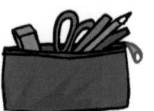

ሰፈር ብርዒ

penál

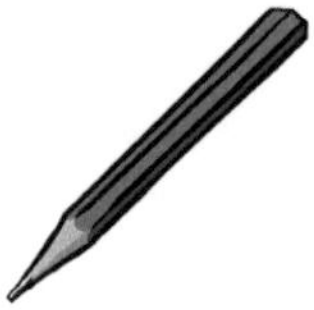

ርሳስ

tužka

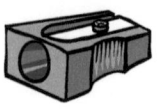

መብልሒ ርሳስ

ořezávátko

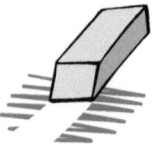

መደምሰሲ

guma

ጥራዝ ስእሊ

blok na kreslení

ስእሊ

výkres

ብርሺ ቀለም

štětec

ቦክስ ቀለም

malířské potřeby

መቐስ

nůžky

መጣበቒ

lepidlo

ጥራዝ መላመዲ

cvičebnice

ዕዮ ገዛ

domácí úkol

12

ቑጽሪ

počet

2+2

መሰኸ

sčítat

5-2

ነደለ

odčítat

2×2

ረብሐ

násobit

ደመረ

počítat

A

ፊደል

písmeno

ABCDEFG HIJKLMN OPQRSTU VWXYZ

ስርዓት ፊደላት

abeceda

hello

ቃል

slovo

ጽሑፍ

text

አንብብ

číst

ኩርሽ

křída

ሰዓት

hodina

መዝገብ ክላስ

třídní kniha

መርመራ

zkouška

ሰርቲፊከት

vysvědčení

ድቢዛ ቤትትምህርቲ

školní uniforma

ትምህርቲ

vzdělání

ለክሲኮን

encyklopedie

ዩኒቨርሲቲ

univerzita

ሚክሮስኮፕ

mikroskop

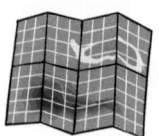

ካርታ

karta

ጎሓፍ ወረቐት

odpadkový koš na papír

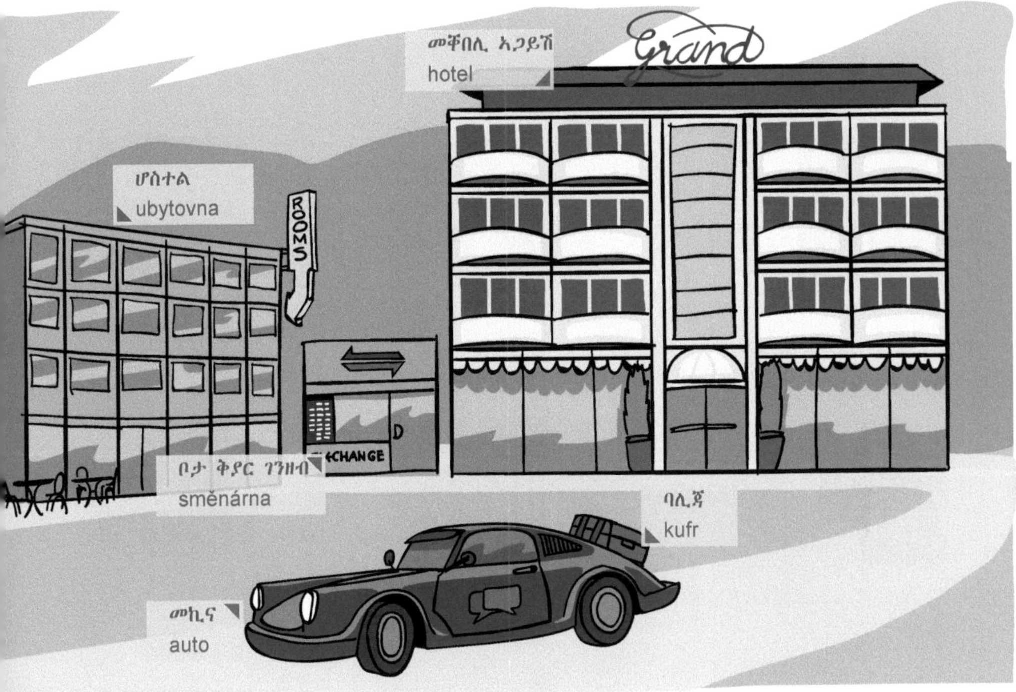

Grand
መቐበሊ ኣጋይሽ
hotel
ሆስተል
ubytovna
ROOMS
CHANGE
ቦታ ቅያር ገንዘብ
směnárna
ባሊጃ
kufr
መኪና
auto

ቋንቋ

jazyk

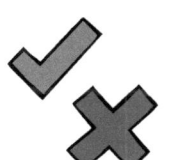

እወ / ኖ

ano / ne

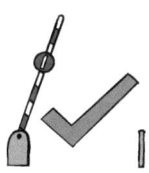

ሕራይ

oukej

ሰላም

Ahoj!

ኣስተርጓሚ

překladatel

የቐንየለይ

děkuji

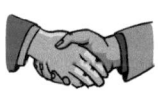

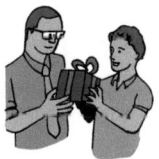

. . . ክንደይ ዋግኡ?

Kolik stojí...?

አይተረድኣኹን

nerozumím

ሽግር

problém

ሰላም ምሸት!

Dobrý večer!

ከመይ ሓዲርካ

Dobré ráno!

ሰላም ለይቲ

Dobrou noc!

ደሓን ኩን

na shledanou

እንፈት

směr

ጒዓዝ

zavazadlo

ሳንጣ

taška

ሳንጣ ሕቆ

batoh

ጋሻ

host

ክፍሊ

pokoj

ክሻ መደቀሲ

spací pytel

ቴንዳ

stan

ሓበሬታ በጻሕቲ ሃገር

turistické informace

ገምገም ባሕሪ

pláž

ክሬዲት ካርድ

kreditní karta

ቁርሲ

snídaně

ምሳሕ

oběd

ድራር

večeře

ቲከት

jízdenka

ሊፍት

výtah

ማሕተም ደብዳበ

poštovní známka

ዶብ

hranice

ድንና

clo

ኣምባሲ

poselství

ቪዛ

vízum

ፓስፖርት

pas

መጓዓዝያ
transport

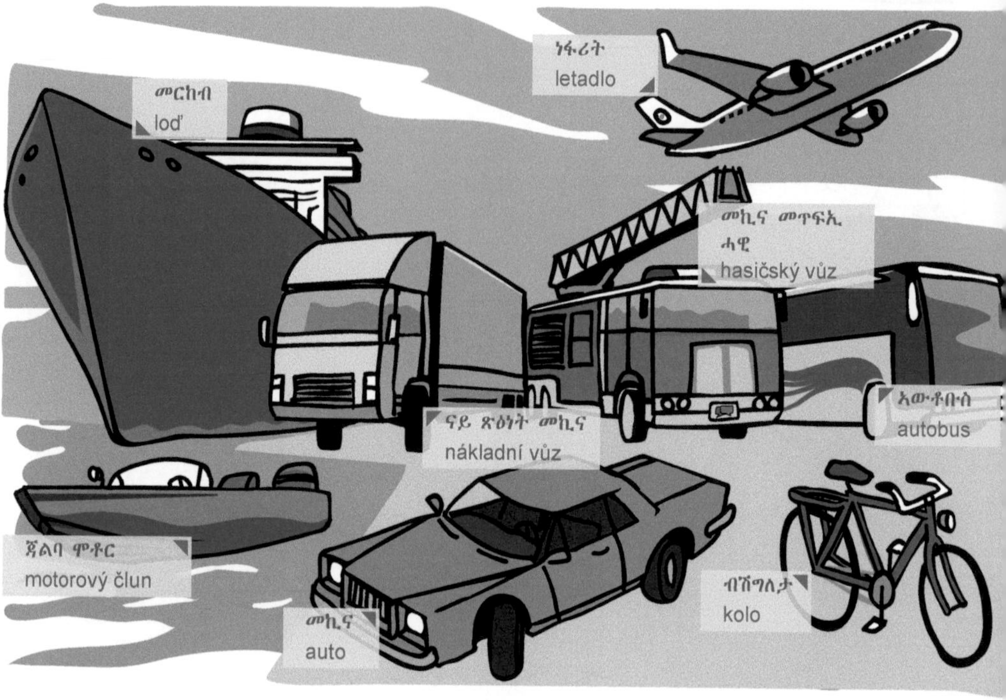
ነፋሪት
letadlo
መርከብ
loď
መኪና መጥፍኢ ሓዊ
hasičský vůz
ኣውቶቡስ
autobus
ናይ ጽዕነት መኪና
nákladní vůz
ጀልባ ሞቶር
motorový člun
ብሽግለታ
kolo
መኪና
auto

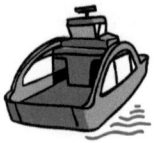

ፌሪ

přívoz

ጀልባ

člun

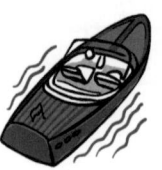

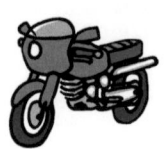

ሞቶ

motorka

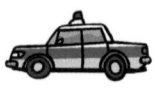

መኪና ፖሊስ

policejní auto

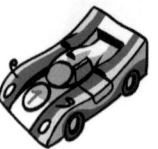

መኪና ቅድድም

závodní auto

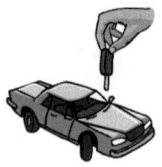

ክራይ መኪና

pronajaté auto

ምውፋይ መካይን

sdílení aut

መወሰዲ መኪና

odtahová služba

መኪና ጎሓፍ

popelářský vůz

ሞቶር

motor

ነዳዪ

palivo

እንዳ ነዳዪ

čerpací stanice

ምልክት ትራፊክ

dopravní značka

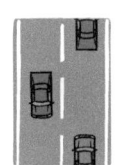

ትራፊክ

doprava

ምጭቅጫቅ ትራፊክ

dopravní zácpa

መዐሸጊ መኪና

parkoviště

መዕረፊ ባቡር

vlakové nádraží

ሓዲግ

koleje

ባቡር

vlak

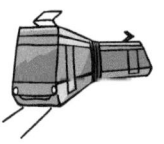

ትረም

tramvaj

ባጎኒ

vagón

ሄሊኮፕተር

helikoptéra

መዓረፊ ነፈርቲ

letiště

ታወር

věž

ተጓዓዚ

pasažér

ኮንተይነር

kontejner

ሳንዱቅ ካርቶን

kartón

ኮርሳ ጽዕነት

trakař

ዘንቢል

koš

ተበገሰ / ዓለበ

vzlétnout / přistát

ከተማ

město

ቀዬሽት

vesnice

ማእከል ከተማ

střed města

ገዛ

dům

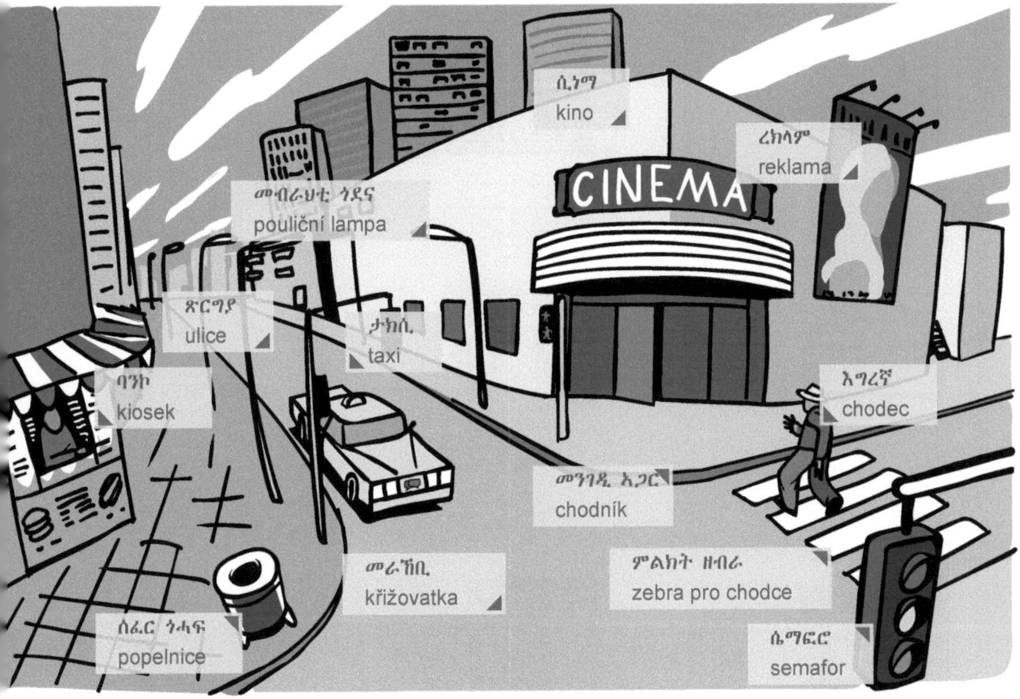

ሲነማ — kino
ረክላም — reklama
መብራህቲ ጎደና — pouliční lampa
ጽርግያ — ulice
ታክሲ — taxi
ባንኮ — kiosek
እግረኛ — chodec
መንገዲ እጋር — chodník
መራኸቢ — křižovatka
ምልክት ዘብራ — zebra pro chodce
ሰፈር ጎሓፍ — popelnice
ሴማፎር — semafor

አጕዶ

chata

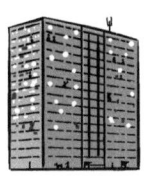

አፓርትመንት

byt

መዕረፊ ባቡር

vlakové nádraží

ቤት ምምሕዳር

radnice

ቤተ መዘክር

muzeum

ቤት-ትምህርቲ

škola

ዩኒቨርሲቲ

univerzita

ባንክ

banka

ሆስፒታል

nemocnice

መቆበሊ አጋይሽ

hotel

ቤት መድሃኒት

lékárna

ቤት ጽሕፈት

kancelář

ዱኳን መጽሓፍቲ

knihkupectví

ዱኳን

obchod

ዱኳን ዕንባባ

květinářství

ሱፐርማርኬት

supermarket

ዕዳጋ

tržnice

ሹቅ

obchodní dům

ነጋዶይ ዓሳ

rybárna

ሹቅ

nákupní centrum

መርሳ

přístav

መዝናግዒ
....
park

ባንኪ
....
lavička

ድልድል
....
most

መደያይቦ
....
schody

ባቡር ትሕቲ ምድሪ
....
metro

ቢንቶ
....
tunel

መዕረፊ ኣውቶቡስ
....
autobusová zastávka

ቤት መስተ
....
bar

ቤት-መግቢ
....
restaurace

ሰታሪት
....
poštovní schránka

ታቤላ
....
pouliční tabule

ሰዓት ፓርኪንግ
....
parkovací hodiny

መካነ እንስሳታት
....
zoo

መሓምበሲ
....
plovárna

መስጊድ
....
mešita

ቤት ሕርሻ
....
usedlost

ብከላ
....
znečišťování životního
prostředí

መቓብር
....
hřbitov

ቤተክርስትያን
....
církev

ቦታ ምጽዋት
....
hřiště

ቤት መቕደስ
....
chrám

ስእሊ መሬት

krajina

አቝጽልቲ
list

መሕበሪ መገዲ
rozcestník

መገዲ
cesta

ጻኻ
louka

እምኒ
kámen

ኮብላሊ
turista

ኣግራብ
strom

ፈለግ
řeka

ሰዓሪ
tráva

ዕንባባ
květina

ስንጭሮ
....
údolí

ጎበ
....
hora

ቀላይ
....
jezero

ዱር
....
les

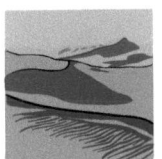

ምድረ በዳ
....
poušť

እሳተ-ጎመራ
....
sopka

ግምቢ.
....
zámek

ቀስተ-ደመና
....
duha

ቃንጥሻ
....
houba

ዓርኮብኮባይ
....
palma

ጣንቱ
....
komár

ሃመማ
....
moucha

ጸጸ
....
mravenec

ንህቢ.
....
včela

ላሬት
....
pavouk

ሕንዚዝ
....
brouk

ዕንቅርያብ
....
žába

ምጽጹላይ
....
veverka

ቅንፍዝ
....
ježek

ማንቲለ
....
zajíc

ጉንጓ
....
sova

ጭሩ
....
pták

ስዋን
....
labuť

መፍለስ
....
divoké prase

ዓጋዝን
....
jelen

ሙስ
....
los

ግድብ
....
přehrada

ተርባይን ንፋስ
....
větrné kolo

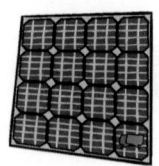

ሶላር ስርሓት
....
solární panel

ኩነታት ኣየር
....
podnebí

ቤት-መግቢ
restaurace

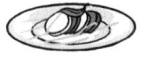

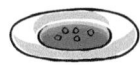

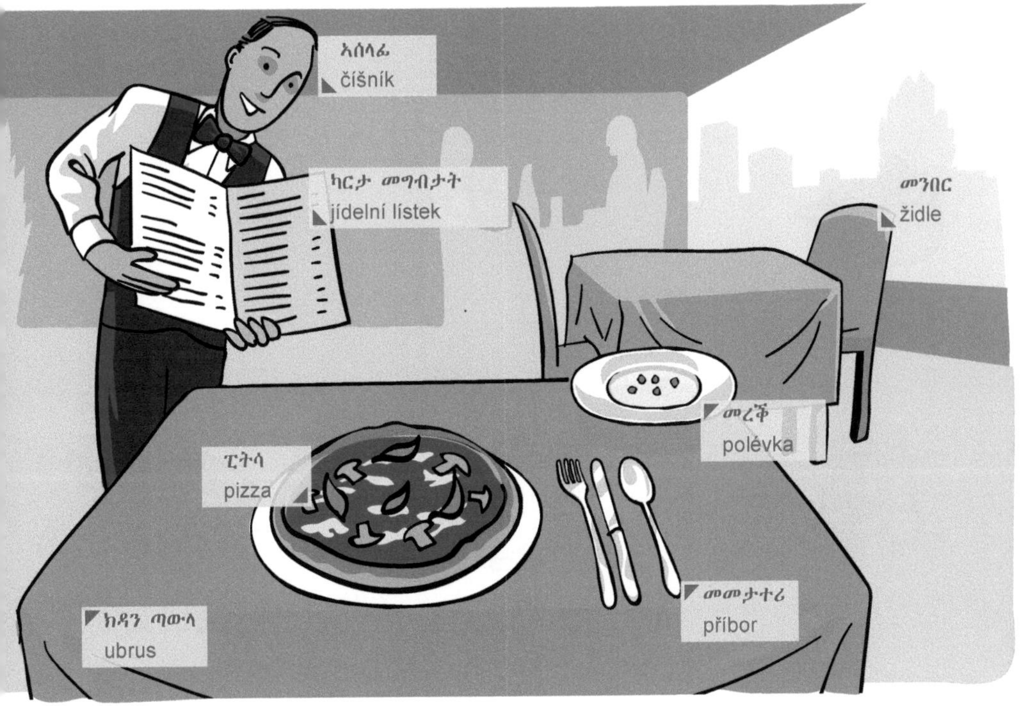
አሰላፊ
číšník
ካርታ መግብታት
jídelní lístek
መንበር
židle
መረቕ
polévka
ፒትሳ
pizza
መመታተሪ
příbor
ክዳን ጣውላ
ubrus

ቅድመ ቀንዲ መግቢ

předkrm

ቀንዲ መኣዲ

hlavní chod

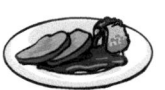

ድሕረ መግቢ

dezert

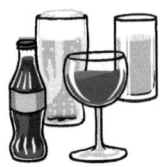

መስተ

nápoje

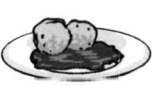

መግቢ

jídlo

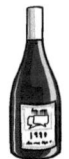

ጥርሙዝ

láhev

ስሉጥ መግቢ.

rychlé občerstvení

መግቢ. ጽርግያ

pouliční občerstvení

ብርጭቆ ሻሂ

čajová konvice

ታኒካ ሽኮር

cukřenka

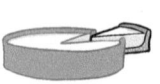

ክፋል

porce

ማሺን ኤስፕረሶ

kávovar na espresso

ነዊሕ መንበር

dětská stolička

ጸብጻብ

faktura

ታብለት

tác

ካራ

nůž

ፋርከታ

vidlička

ማንካ

lžíce

ማንካ ሻሂ

čajová lyžička

ሰርቪየተ

ubrousek

ብኬሪ

sklenička

ሸሓኒ
....
talíř

ሸሓኒ መረቕ
....
talíř na polévku

ትሕቲ ኩባያ
....
podšálek

ጸብሒ
....
omáčka

ወሃቢ ጨው
....
slánka

መጥሓን በርበሬ
....
mlýnek na pepř

አቸቶ
....
ocet

ዘይቲ
....
olej

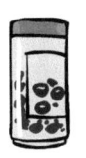

ቀመም
....
koření

ከቸፕ
....
kečup

አድሪ
....
hořčice

ማዮነዝ
....
majonéza

ሱፐርማርክት

supermarket

ወፈያ
nabídka
FOR
ዓሚል
zákazník
ፍርያታት ጸባ
mléčné výrobky
ፍረታት
ovoce
ሰረገላ ዱኳን
nákupní vozík

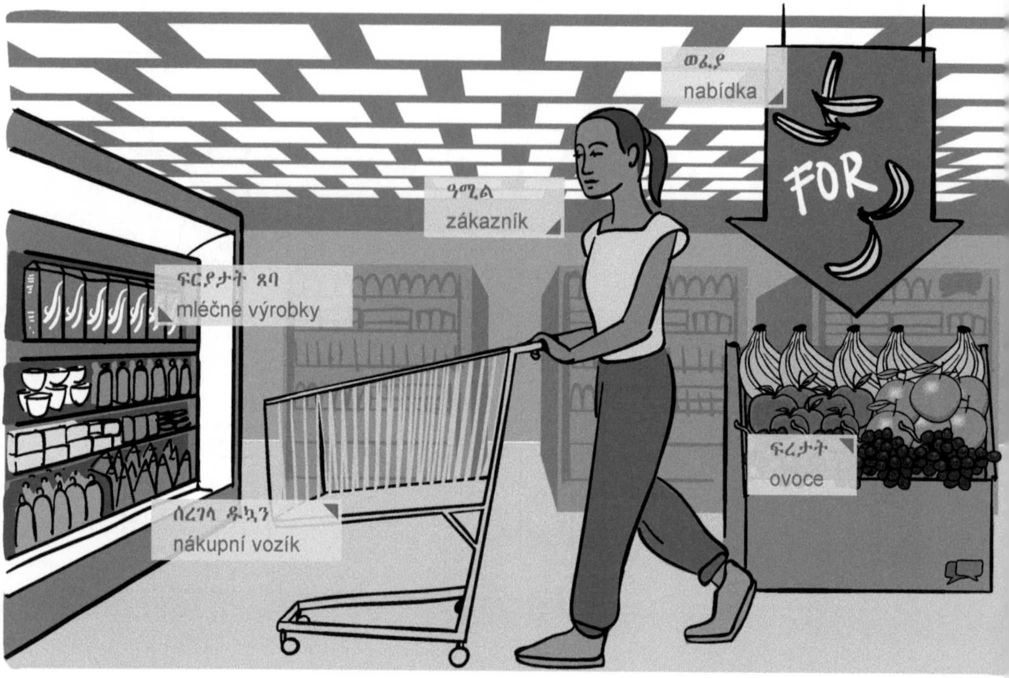

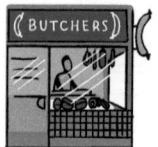

BUTCHERS

እንዳ ስጋ

masna

BAKERY

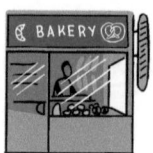

እንዳ ባኒ

pekařství

ክብደት

vážit

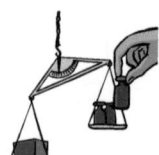

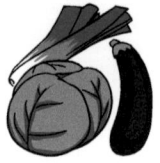

ኣሕምልቲ

zelenina

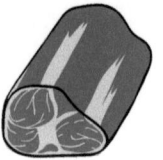

ስጋ

maso

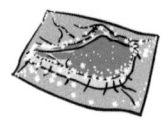

መግቢ ፍሪጅ በረድ

mražené potraviny

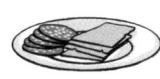

ዝሑል ቅሩብ መግቢ.
....
obložený talíř

እስታሳ
....
konzervy

አሞ
....
prací prášek

ምቁር መግቢ.
....
cukrovinky

ዘቤታውያን አቑሑ
....
výrobky pro domácnost

ናውቲ መጸረዪ.
....
čisticí prostředek

ሽቃጣይ
....
prodavačka

ካሳ
....
pokladna

ተሓዝ ገንዘብ
....
pokladní

ዝርዝር ምግዛእ
....
nákupní seznam

ክፉት ሰዓታት
....
otevírací doba

ማሕፉዳ
....
peněženka

ክረዲት ካርድ
....
kreditní karta

ሳንጣ
....
taška

ፈስታል
....
igelitová taška

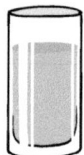

ማይ

voda

ጽማቑ

džus

ጸባ

mléko

ኮላ

kola

ነቢት

víno

ቢራ

pivo

አልኮል

alkohol

ካካው

kakao

ሻሂ

čaj

ቡን

káva

ኤስፕሬሶ

espresso

ካፑቺኖ

kapučíno

ባናና

banán

ቱፋሕ

jablko

አራንሺ.

pomeranč

ብርጭቆ

meloun

ለሚን

citrón

ካሮት

mrkev

ጸዕዳ ሽጉርቲ

česnek

ባምቡስ

bambus

ሽጉርቲ

cibule

ቅንጥሻ

houba

ፉል

ořechy

ፓስታ

těstoviny

ስፓጌቲ

špageti

ሩዝ

rýže

ሰላጣ

salát

ቅልዋ ድንሽ

hranolky

ቅሉው ድንሽ

americké brambory

ፒትሳ

pizza

ሃምቡርገር

hamburger

ፓኒኖ

sendvič

ቢስተካ

řízek

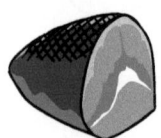

ሰለፍ ሓሰማ

šunka

ሳላሚ

salám

ግዕዝም

salám

ደርሆ

kuře

ቀለወ

pečeně

ዓሳ

ryby

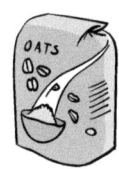

ገፀት
ovesné vločky

ሙስሊ.
müsli

ኮርንፍለይክስ
vločky

ሐርጭ
mouka

ክሮሶን
croissant

ባኒ
houska

ባኒ
chléb

ቶስት
toast

ብሽኮቲ
sušenky

ጠስሚ
máslo

ርጎአ
tvaroh

ፓስተ
buchta

እንቁቀሓ
vejce

ቅሉው እንቁቀሓ
volské oko

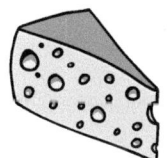

ፋርማጆ
sýr

አይስ ክሪም

zmrzlina

ሽኮር

cukr

መዓር

med

ጄም

marmeláda

ኑጋት-ክሬም

nugátový krém

ኩሪ

kari

ቤት ሕርሻ
usedlost

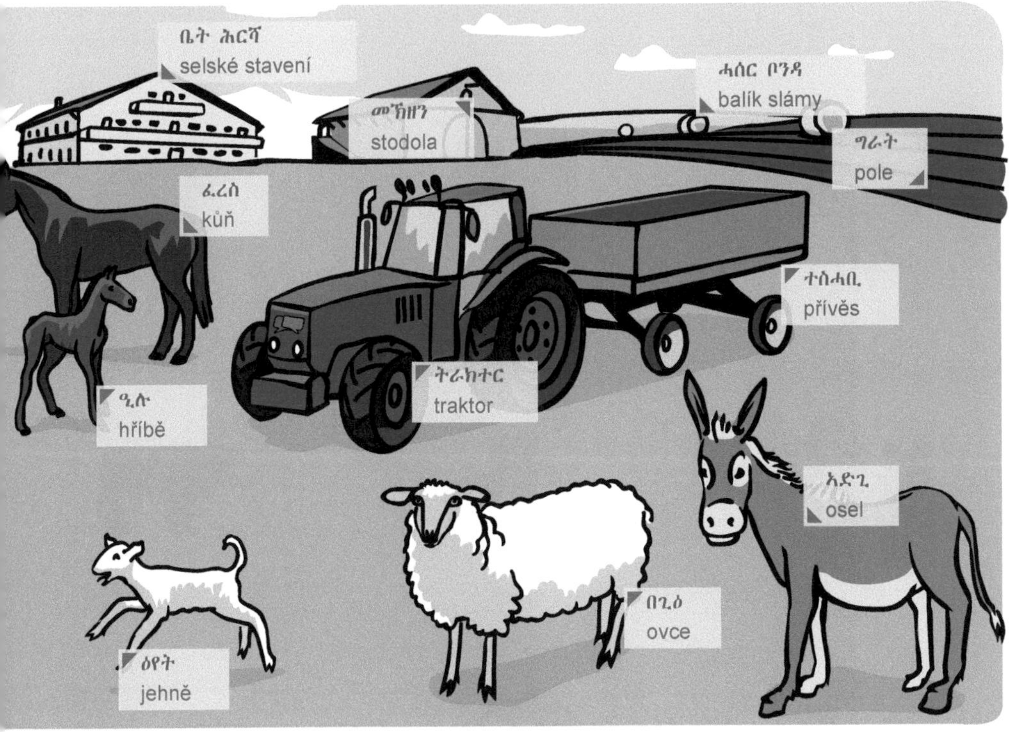
ቤት ሕርሻ
selské stavení
ሓሰር ቦንዳ
balík slámy
መኽዘን
stodola
ግራት
pole
ፈረስ
kůň
ተስሓቢ
přívěs
ትራክተር
traktor
ዒሉ
hříbě
ኣድጊ
osel
በጊዕ
ovce
ዕየት
jehně

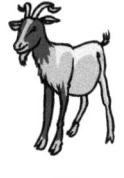

ጤል

koza

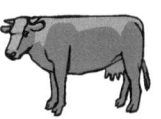

ብዕራይ

kráva

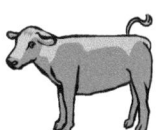

ምራኽ

tele

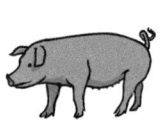

ሓሰማ

prase

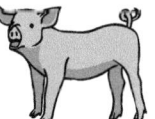

ውላድ ሓሰማ

sele

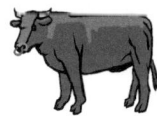

ኣርሓ

býk

ዓሳ

husa

ማይ ደርሆ

kachna

ጫቹፈት

kuře

ደርሆ

slepice

አርሓ ደርሆ

kohout

አንጪዋ ዓባይ

krysa

ድሙ

kočka

አንጭዋ

myš

ብዕራይ

vůl

ከልቢ

pes

አጕዶ ከልቢ

psí bouda

ቱባ ጀርዲን

zahradní hadice

መዝፈፊ ማይ

kropící konev

ዓቢ ማዕጺድ

kosa

ማሕረሻ

pluh

ማዕጺድ

srp

ጕኸሮ

motyka

መስአ

vidle

ፋስ

sekera

ዓረብያ ኢድ

kolecko

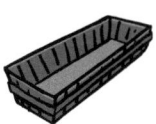

ጋብላ

koryto

ብርጭቆ ጸባ

konev na mléko

ክሻ

pytel

ሓጹር

plot

መንሰስ

stáj

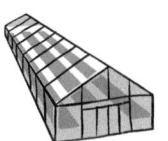

ቾጠልያ ገዛ

skleník

ባይታ

půda

ዘርኢ

osivo

ድኹዒ

hnojivo

ዘጣምር ቀውዓይ

kombajn

ቀውዕ

sklidit

ጸማ

sklizeň

ድንሽ ያም

smldinec

ስርናይ

pšenice

ሶያ

sója

ድንሽ

brambora

ዕፉን

kukuřice

ራፕስ

řepka

ገረብ ፍረታት

ovocný strom

ማኒኦክ

maniok

አእኻል

obilí

መውጽእ ትኪ
komín

ናሕሲ
střecha

መውሓዝ ዝናብ
okap

መስኮት
okno

ጋራጅ
garáž

ጥር መበሊ.ት
zvonek

ማዕጾ
dveře

ጎሓፍ መገለል
popelnice

ቦክስ ደብዳበ
dopisní schránka

ጀርዲን
zahrada

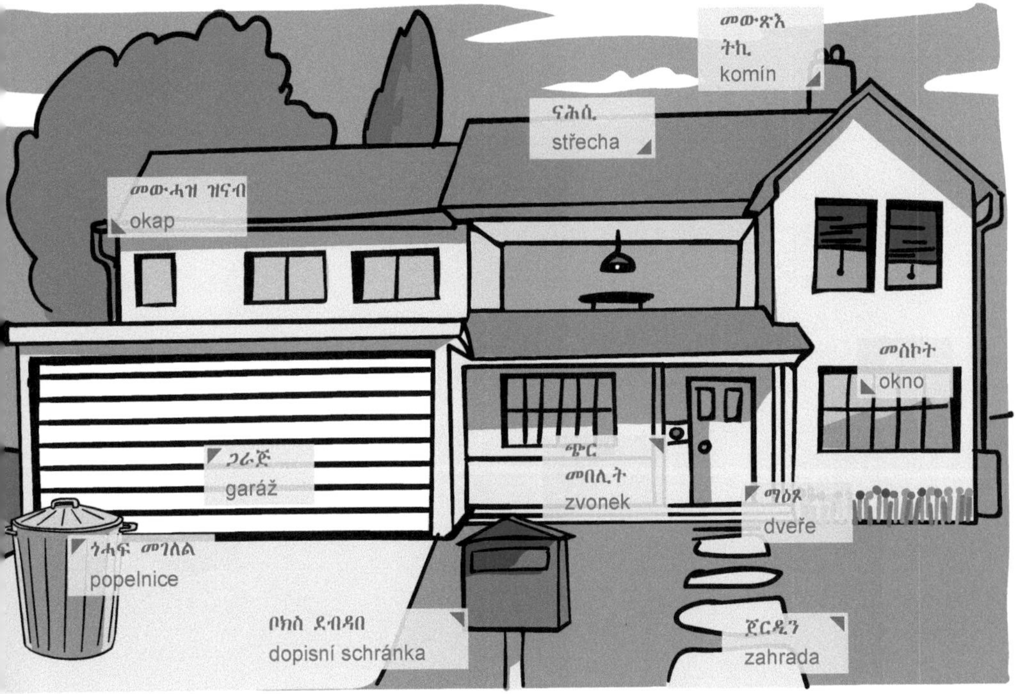

ክፍሊ ምቕማጥ

obývací pokoj

ክፍሊ ባንዮ

koupelna

ክሽን

kuchyně

ክፍሊ መደቀሲ

ložnice

ክፍሊ ቆልዑ

dětský pokoj

መመገቢ ክፍሊ

jídelna

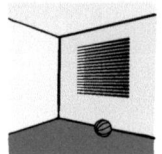

ባይታ

podlaha

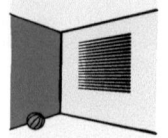

መንደቅ

zeď

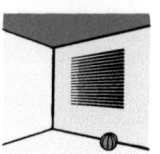

ከበርታ

deka

ካንቲና

sklep

ሳውና

sauna

ባልኮን

balkón

ዛላ

terasa

መሕምበሲ

bazén

መቘረጺ ሳዕሪ

sekačka na trávu

አንሶላ ዓራት

ložní prádlo

ከበርታ ዓራት

lůžková přikrývka

ዓራት

postel

መኾስተር

smeták

መገለል

kýbl

መወልዒት

vypínač

ክፍሊ ምቕማጥ

obývací pokoj

ወረቐት መንደቕ
tapeta
ስእሊ
obrázek
ላምፓ
žárovka
ከብሒ
police
ከብሒ
skříň
ተለቪዥን
televizor
መውጽኢ ትኪ ኣብ ገዛ
komín
ዕንባባ
květina
መተርኣስ
polštář
ሳሎን
gauč
ባዞ
váza
ሪሞት
dálkový ovladač

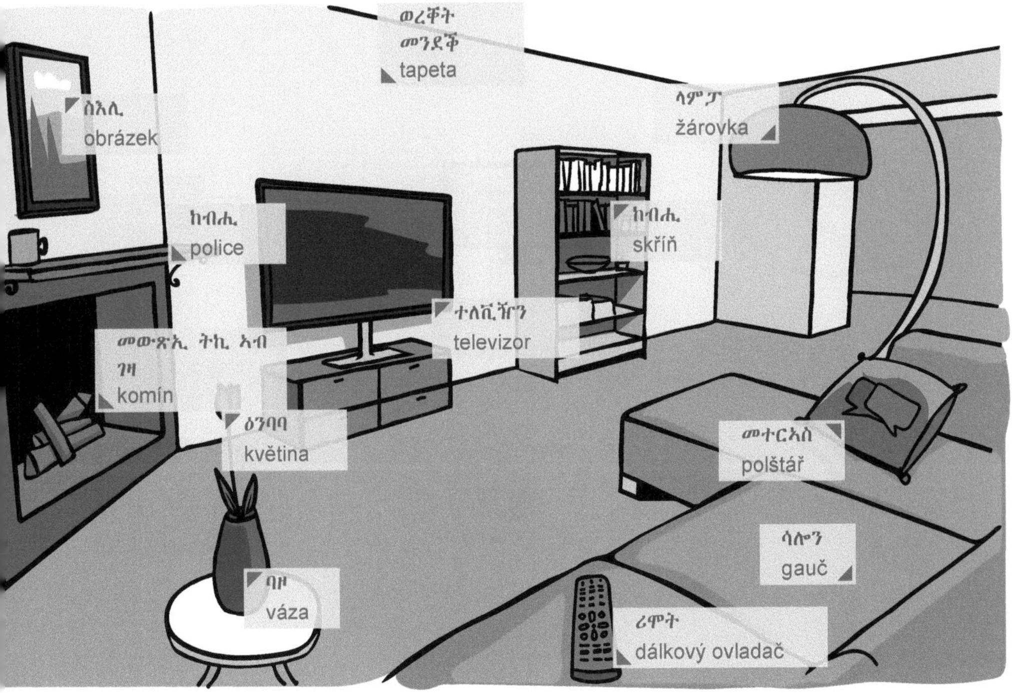

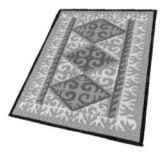

መንጸፍ

koberec

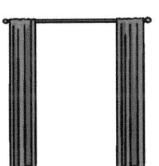

መጋረጃ

závěs

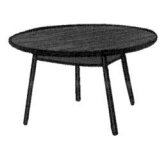

ጣውላ

stůl

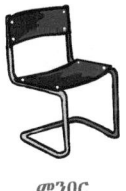

መንበር

židle

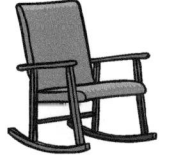

ሰለል ዝብል መንበር

houpací křeslo

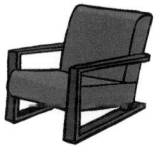

መንበር ምቹእ

křeslo

መጽሐፍ

kniha

ከቦርታ

strop

ስልማት

ozdoba

እንጨይቲ ሓዊ

palivové dříví

ፊልም

film

ስተረዮ

stereo souprava

መፍትሕ

klíč

ጋዜጣ

noviny

ቕብአ

malba

ፖስተር

plakát

ረድዮ

rádio

ጥራዝ

poznámkový blok

መልገሲ ደርና

vysavač

በለስ

kaktus

ሽምዓ

svíce

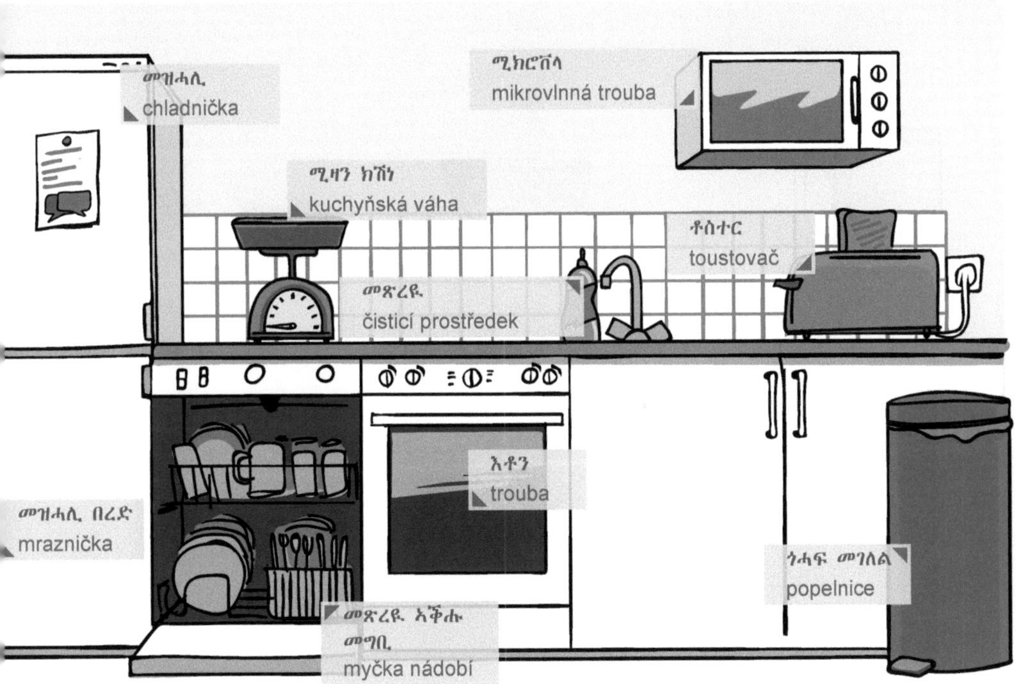

መዝሓሊ
chladnička

ሚክሮቭላ
mikrovlnná trouba

ሚዛን ክሽን
kuchyňská váha

ቶስተር
toustovač

መጽረዪ
čisticí prostředek

መዝሓሊ በረድ
mraznička

እቶን
trouba

ጓሓፍ መገለል
popelnice

መጽረዪ ኣቕሓ መግቢ
myčka nádobí

መኽሺኒ
....
sporák

ድስቲ
....
hrnec

ድስቲ ሓጺን
....
litinový hrnec

ሾክ/ካዳይ
....
wok / kadai

ባደላ
....
pánev

መውዓዪ ማይ
....
varná konvice

መፍልሒ

parní hrnec

ጓንቴራ ምስንካት

plech na pečení

አቑሑ መግቢ

nádobí

ብርጭቆ

hrnek

ጭሓሎ

miska

ማንካቺና

jídelní hůlky

ማንካ መረቕ

naběračka

መገልበጢ ባደላ

obracečka

መኸሰተር ውርጪ

metla

መንፈት መግቢ

síto

መንፈት

cedník

መፋሕፋሒ

struhadlo

ሞርታር

hmoždíř

ባርቢኪዩ

gril

ስፍራ ሓዊ

ohniště

እንጨይቲ ምምታር
prkénko na krájení

እንጨይቲ ኩረር
váleček na těsto

መኽፈት ቡሽ
vývrtka

ታኒካ
dóza

መኽፈቲ ታኒካ
otvírák na konzervy

ጨርቂ ድስቲ
chňapka

ቡምባ
umyvadlo

አስባስላ
kartáč na nádobí

ሰፍነግ
houba

ሓዋሲ አደባላቒ
mixér

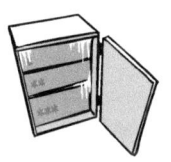

መዝሓሊ በረድ
mrazák

ጥርሙዝ ማማይ
dětská lahev

ቡምባ ማይ
kohoutek

ክሽን - kuchyně

ክፍሊ ባንዮ
koupelna

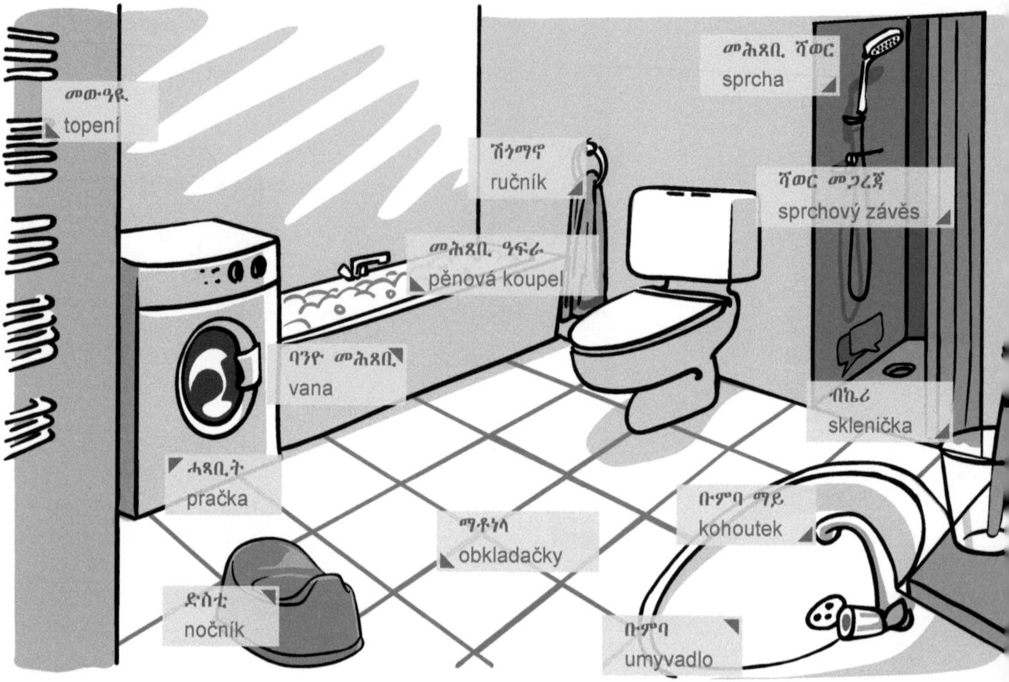
መውዓዪ
topení
ሽጎማኖ
ručník
መሕጸቢ ዓፍራ
pěnová koupel
መሕጸቢ ሻወር
sprcha
ሻወር መጋረጃ
sprchový závěs
ባንዮ መሕጸቢ
vana
ብኬሪ
sklenička
ሓጻቢት
pračka
ቡምባ ማይ
kohoutek
ማቶነላ
obkladačky
ድስቲ
nočník
ቡምባ
umyvadlo

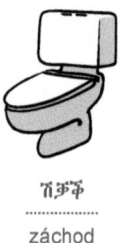

ሽቓቕ

záchod

ሽቓቕ ኮፍ

turecký záchod

በዴ

bidet

ሽቓቕ ተባዕታይ

pisoár

ወረቐት ሽቓቕ

toaletní papír

ኣስባስላ ሽቓቕ

záchodová štětka

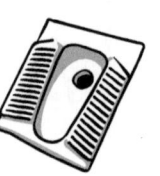

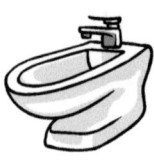

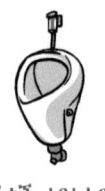

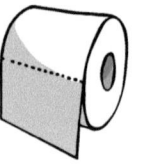

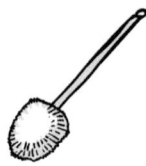

አስባስላ ስኒ

zubní kartáček

ክሬማ ስኒ

zubní pasta

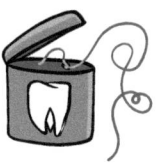

ሃሪ ስኒ

zubní niť

ሓጸበ

mýt

ዱሽ ኢ፝ድ

ruční sprcha

ዱሽ

intimní sprcha

ብርጭቆ ምሕጻብ

umyvadlo

አስባስላ ሕቖ

kartáč na záda

ሳምና

mýdlo

ሻወር ጀል

sprchový gel

ሻምፑ

šampón

ጨርቂ መሕጸቢ

žínka

መጡ ሓዚ

odpad

ክሬማ

krém

ደዮ ጨና

deodorant

መስትያት

zrcadlo

ናይ ኢድ መስትያት

kosmetické zrcátko

መላጺ

holicí strojek

ዓፍራ ምልጻይ

pěna na holení

ጨና ድሕሪ ምልጻይ

voda po holení

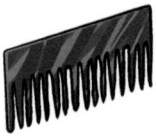

መመሽጥ

hřeben

አስባስላ

kartáč

መንቆጺ ጸግሪ

fén

ስፕረይ ጸግሪ

lak na vlasy

መመላኽዒ

makeup

ብርዒ ቀለም ከንፈር

rtěnka

አዝማልቶ

lak na nehty

ጸምሪ ጡጥ

vata

መስደዲ ጽፍሪ

nůžky na nehty

ጨና

parfém

ሳንጣ መሕጸቢ

ška s toaletními potřebami

ድኳ

stolička

ሚዛን

váha

ክዳን መሕጸቢ

župan

ጓንቲ መጸረዪ

gumové rukavice

ታምፓን

tampón

ጨርቂ ሰበይቲ

dámská vložka

ሽቓቕ ከሚስትሪ

chemická toaleta

ክፍሊ ቆልዑ

dětský pokoj

ኣላርም መተስኢ
budík
መጻወቲ እንስሳ
plyšová hračka
መጻወቲ መኪና
autíčko
ኳሕኳሕ መበሊ
chrastítko
ቤት ባምቡላ
domeček pro panenky
ህያብ
dárek

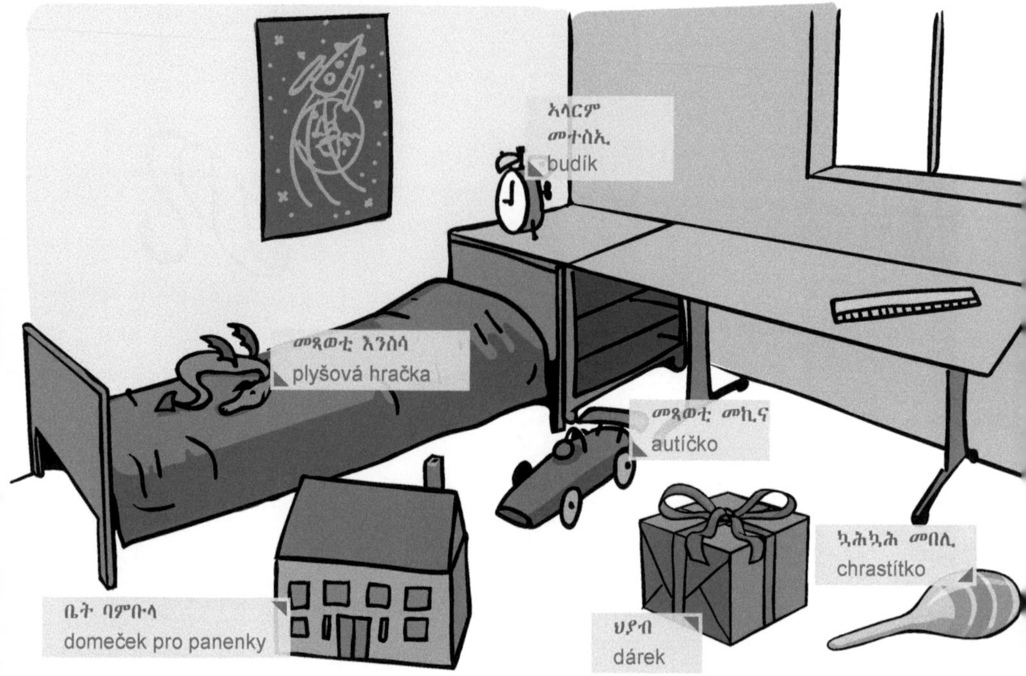

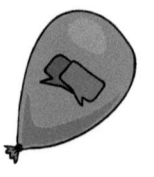

ባላንችና

balón

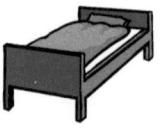

ዓራት

postel

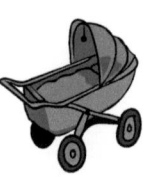

ሰረገላ ህጻን

kočárek

ጸወታ ካርታ

balíček karet

ሕንቅሊተይ

puzzle

SUPER MEGA

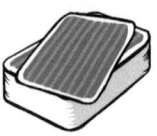

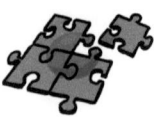

ኮሚዲ

komiks

እምንታት መጸወቲ ለጎ
....
lego kostky

መጻወቲ እምንታት
....
stavebnice

በዓል አክቸን
....
akční figurka

ክዳን ማማይ
....
dupačky

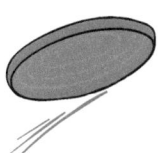

ፍሪስቢ
....
frisbee

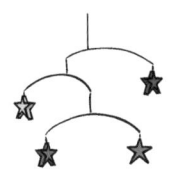

ሞባይል ማማይ
....
závěsné hračky nad
postýlku

ጸወታ ሰሌዳ
....
desková hra

ኩቦ
....
kostky

ሞደል ባቡር ምድሪ
....
modelová železnice

ዓባስ
....
dudlík

ፓርቲ
....
oslava

መጽሓፍ ስእሊ
....
obrázková kniha

ኩዕሶ
....
míč

ባምቡላ
....
panenka

ተጻወተ
....
hrát si

መጻወቲ ሓጺ
....
pískoviště

ሰላል
....
houpačka

መጻወቲታት
....
hračky

ኮንሶል ቪድዮ
....
hrací konzole

መጻወቲ ሰለስተ መንኮርኮር
....
tříkolka

ተዲ
....
medvídek

ከብሒ ክዳን
....
šatník

ካልስታት
....
ponožky

ነዊሕ ካልስታት
....
punčochy

ስረ ካልሲ
....
punčochové kalhoty

ሻርበ
šála

ጽላል
deštník

ማልያ
tričko

ቁልፊ
pásek

ረፍዕ
kozačky

ጫማ ገዛ
domácí obuv

ስኒከርስ
tenisky

ሻቦጥ
sandály

ጫማ
obuv

ረፍዕ ጎማ
holínky

ሙታንታ
spodní prádlo

ክዳን ጡብ
podprsenka

ትሕተ ካሚቻ
nátělník

ቦዲ

body

ሱሪ

kalhoty

ጂንስ

džíny

ቀምሽ

sukně

ካምቻ

blůza

ካሚቻ

košile

ጉልፍ

svetr

ጎልፍ

mikina

ጃኬት

blejzr

ጃከት

bunda

ጁባ

kabát

ክዳን ዝናብ

pláštěnka

ኮስቱም

kostým

ቀምሽ

šaty

ቀምሽ መርዓ

svatební šaty

ልብሰ.

oblek

ካሚቻ ለይቲ

noční košile

ክዳን ለይቲ

pyžamo

ሳሪ

sárí

መሃረብ ርእሰ.

šátek na hlavu

ቱርባን

turban

ቡርካ

burka

ካፍታን

kaftan

አባያ

abája

ክዳን መሕምበሰ.

plavky

ስረ መሕምበሰ.

pánské plavky

ሓጺር ስረ

kraťasy

ክዳን ታዕሊም

tepláková souprava

በጃ ክዳን

zástěra

ጓንቲ

rukavice

መልጎም

knoflík

መነጽር

brýle

በንናጅር

náramek

ማዕተብ

náhrdelník

ቀለበት

prsten

ኩትሻ

náušnice

ቆብዕ

čepice

መንበሪ ጅባ

ramínko

ባርኔጣ

klobouk

ካራባት

kravata

ሻርነጣ

zip

ሀልመት

helma

መድልደል ስረ

kšandy

ድቢዛ ቤትትምህርቲ

školní uniforma

ድቢዛ

uniforma

48   ክዳን - oblečení

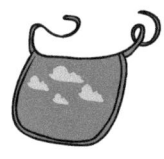

ሰደርያ ቆልዓ

bryndák

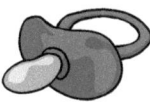

ዓባስ

dudlík

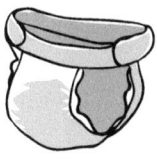

ጨርቂ ማማይ

plena

ቤት ጽሕፈት

kancelář

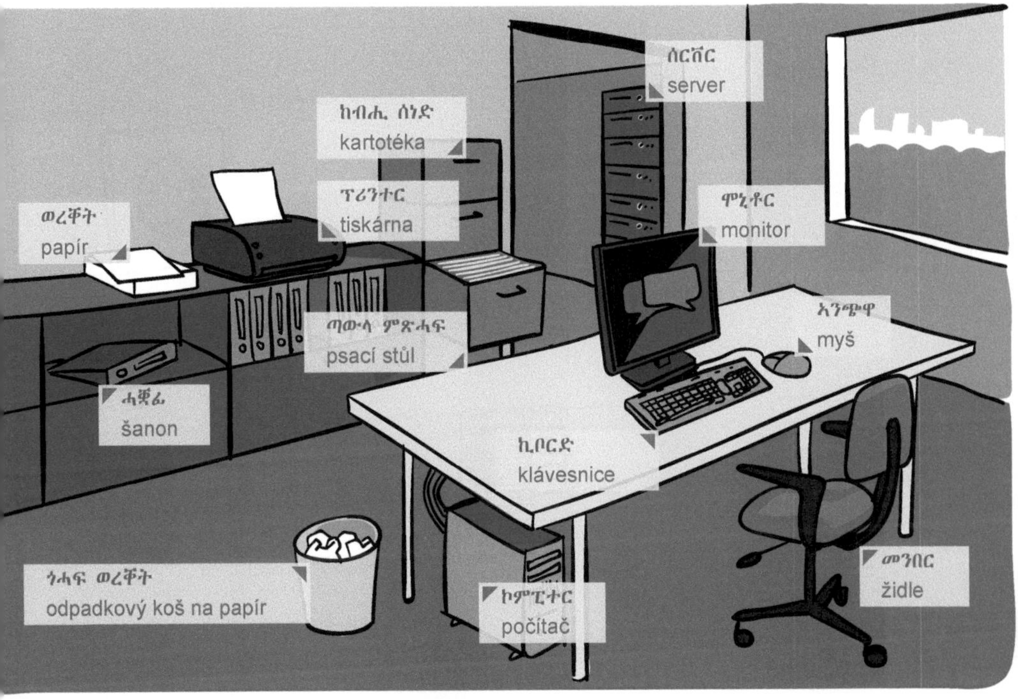
ሰርቨር
server
ከብሒ ሰነድ
kartotéka
ወረቐት
papír
ፕሪንተር
tiskárna
ሞኒቶር
monitor
ኣንጭዋ
myš
ጣውላ ምጽሓፍ
psací stůl
ሓቛፊ
šanon
ኪቦርድ
klávesnice
ጎሓፍ ወረቐት
odpadkový koš na papír
ኮምፒተር
počítač
መንበር
židle

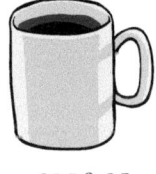

ብርጭቆ ቡን

hrnek na kávu

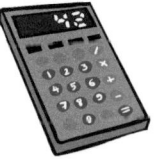

ካልኩለተር

kalkulačka

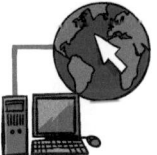

ኢንተርነት

internet

ላፕቶፕ

notebook

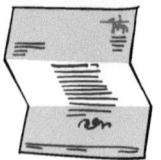

ደብዳበ

dopis

መልእኽቲ

zpráva

ሞባይል

mobil

ነትወርክ/መርበብ

síť

መቕድሒ ፎቶኮፒ

kopírka

ሶፍትዌር

software

ተለፎን

telefon

ሶከት ኳረንቲ

zásuvka

ፋክስ

fax

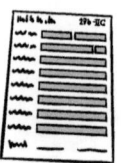

ፎርም

formulář

ሰነድ

dokument

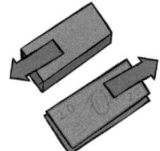

ገዝአ

nakupovat

ክፈለ

zaplatit

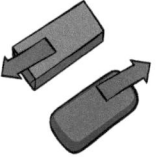

ንግዱ

jednat

ገንዘብ

peníze

 USD

ዶላር

dolar

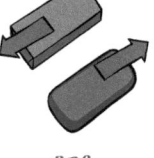 EUR

አይሮ

euro

 JPY

የን

jen

 RUB

ሩብል

rubl

 CHF

ስዊዝ ፍራንከን

frank

 CNY

ረንሚንቢ ዩዋን

juan

 INR

ሩፒየ

rupie

መውጽኢ ማሺን ገንዘብ

bankomat

በታ ቅያር ገንዘብ

smĕnárna

ወርቂ

zlato

ብሩር

stříbro

ዘይቲ

olej

ሓይሊ

energie

ዋጋ

cena

ውዕል

smlouva

ቀረጽ

daň

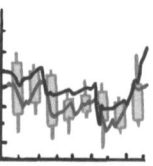

እኩብ ጥሪ-ነገራት

akcie

ሰርሐ

pracovat

ሰራሕተኛ

zaměstnanec

አስራሒ

zaměstnavatel

ትካል

továrna

ዱኳን

obchod

ሞያታት

povolání

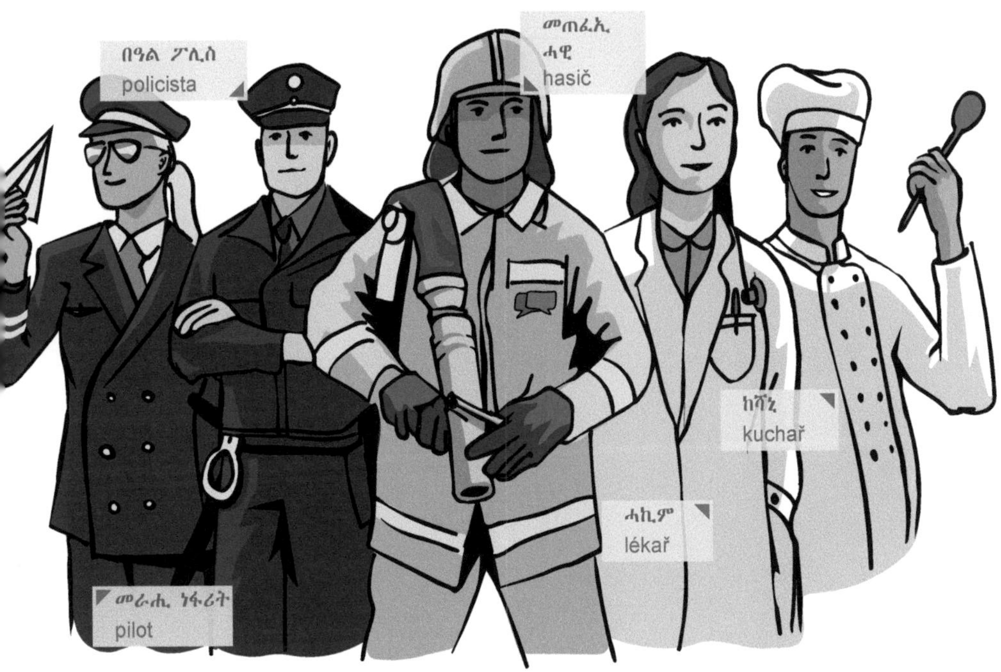
በዓል ፖሊስ
policista
መጠፊኢ ሓዊ
hasič
ክሻኒ
kuchař
ሓኪም
lékař
መራሒ ነፋሪት
pilot

ሰራሕተኛ ጀርዲን

zahradník

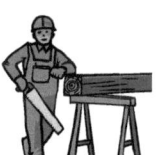

ጸራቢ ዕንጸይቲ

truhlář

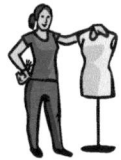

ሰፋይት

švadlena

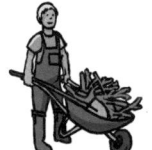

ፈራዳይ

soudce

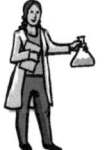

ቀማሚ

chemik

ተዋሳኢ

herec

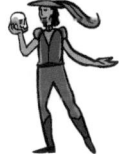

መራሒ አዉቶቡስ

řidič autobusu

አዉቲስታ ታክሲ

řidič taxi

ገፋፊ ዓሳ

rybář

ጸራጊት

uklízečka

ሃናጻይ ናሕሲ

pokrývač

አሰላፊ

číšník

ሃዳናይ

myslivec

ሰአላይ

malíř

እንዳ ሕብስቲ

pekař

ኤለትሪከኛ

elektrikář

ሃናጺ አባይቲ

stavební dělník

ሃንዳሲ

inženýr

ሰራሕተኛ እንዳ ስጋ

řezník

ድራብሊኮ

klempíř

አማላላሲ ፖስጣ

listonoš

ወተሃደር
....
voják

መሃንድስ
....
architekt

ተሓዝ ገንዘብ
....
pokladní

ሰራሕተኛ ዕምባባ
....
florista

ቀምቃማይ
....
kadeřník

ፈተሪኖ
....
průvodčí

መካኒክ
....
mechanik

መራሒ መርከብ
....
kapitán

ሓኪም ስኒ
....
zubař

ተመራማሪ
....
vědec

ራቢ
....
rabín

ኢማም
....
imám

ፈላሲ
....
mnich

ቀሺ
....
duchovní

ሞያታት - povolání   55

ናውቲ

nářadí

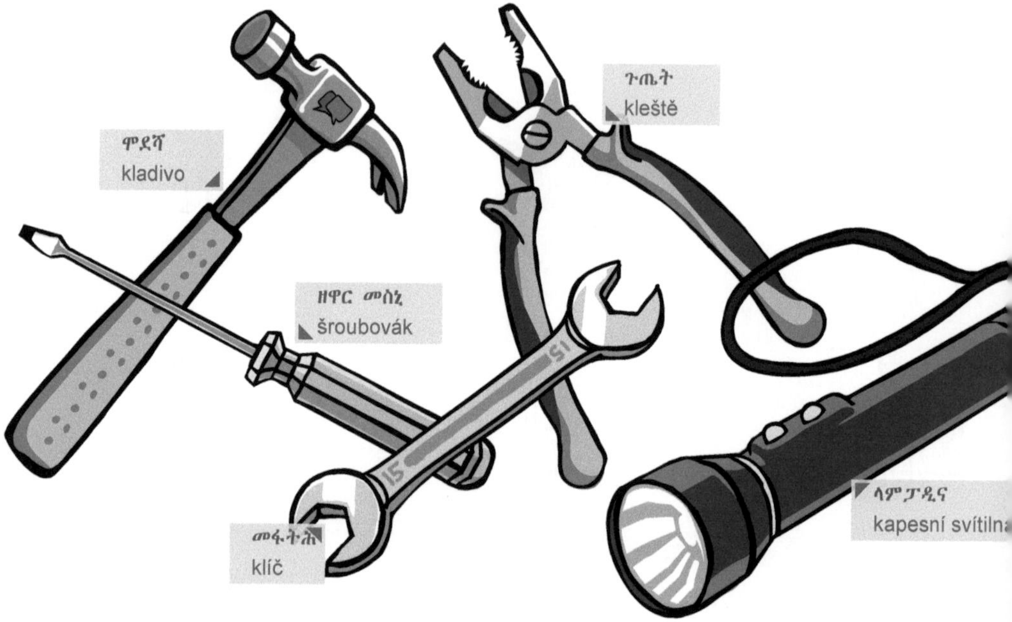
ሞደሻ
kladivo
ጉጠት
kleště
ዘዋር መስኒ
šroubovák
መፋትሕ
klíč
ላምፓዲና
kapesní svítiln

ፈሓሪ

bagr

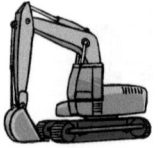

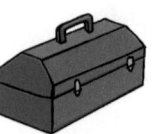

ናውቲ ቦክስ

skříň na nářadí

መደያይቦ

žebřík

መጋዝ

pila

መስማር

hřebíky

ኰዓቲ

vrtačka

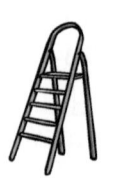

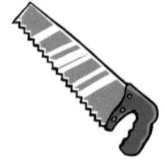

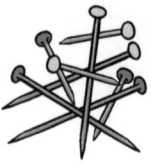

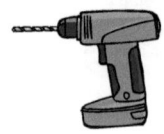

ምዕራይ
....
opravit

ባደላ
....
lopata

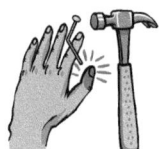

አይ!
....
Kurva!

መትሓዚ ዶሮና
....
lopatka

ድስቲ ቀለም
....
vědroé na barvu

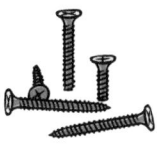

ካቻቢተ
....
šrouby

መሳርሒ ሙዚቃ
hudební nástroje

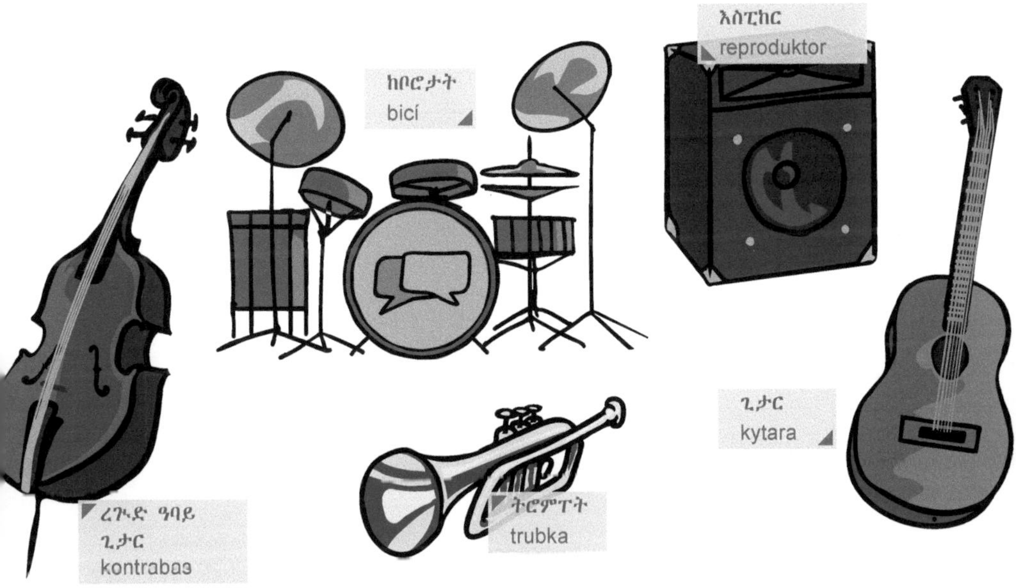

እስፒከር
reproduktor

ከበሮታት
bicí

ጊታC
kytara

ረጒፅ ዓባይ
ጊታC
kontrabaɜ

ትሮምፐት
trubka

ፒያኖ

klavír

ቪዮሊን

housle

ባስ ጊታር

basa

ቲምፓኒ

tympán

ከበሮ

bubny

ኦርጋን

keyboard

ሳክሶፎን

saxofon

ሻምብቆ

flétna

ሚክሮፎን

mikrofon

መካነ እንስሳታት

ZOO

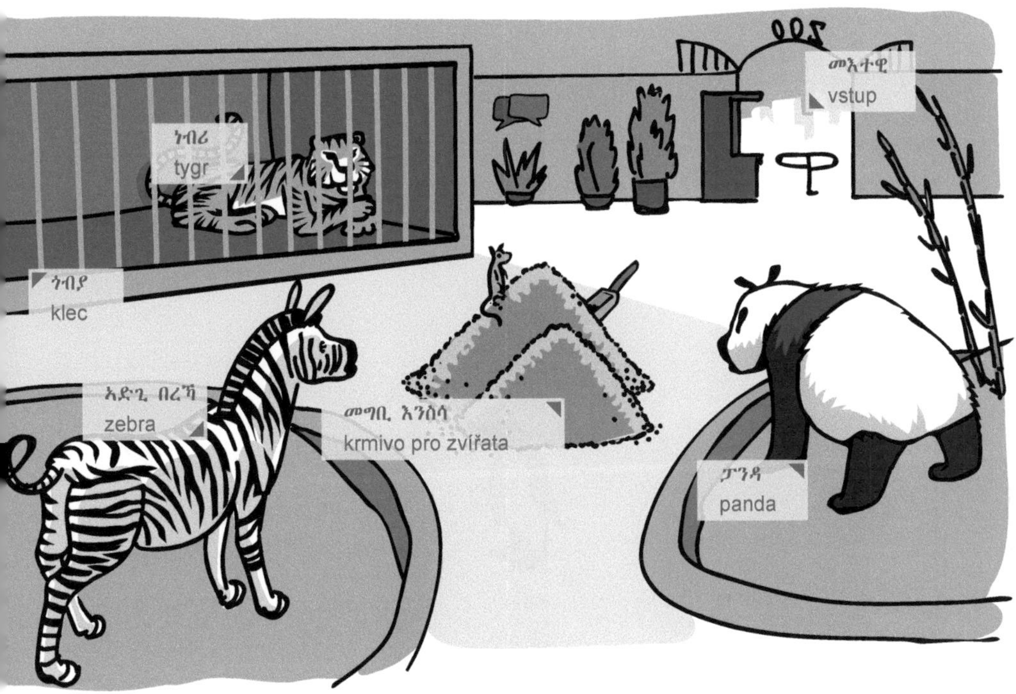
መእተዊ
vstup
ነብሪ
tygr
ጎብያ
klec
አድጊ በረኻ
zebra
መግቢ እንስሳ
krmivo pro zvířata
ፓንዳ
panda

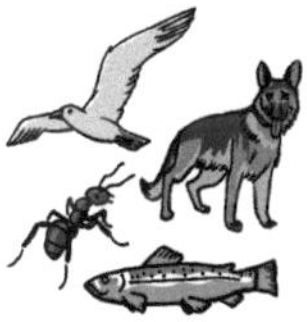

እንስሳታት

zvířata

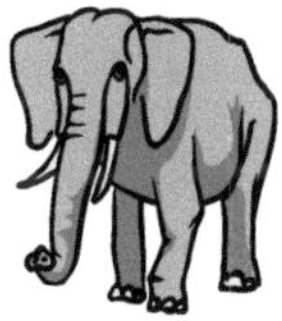

ሓርማዝ

slon

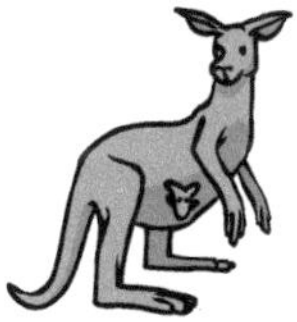

ካንጋሩ

klokan

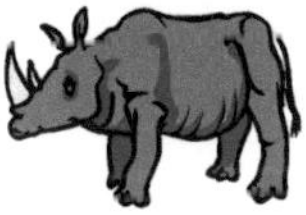

ሓሪሽ

nosorožec

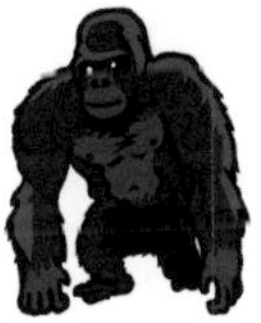

ጕሪላ

gorila

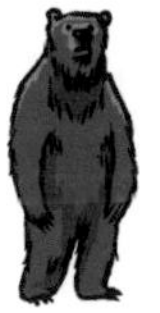

ድቢ

medvěd

ገመል

velbloud

ሰገን

pštros

አንበሳ

lev

ህበይ

opice

ፍላሚንጎ

plameňák

ሕንጻይ

papoušek

ድቢ በረድ

lední medvěd

ፐንጉን

tučňák

ክልቢ ዓሳ

žralok

ጣውስ

páv

ተመን

had

ሓርገጽ

krokodýl

ሓላዊ ቤት ገርድሽ

ošetřovatel zvířat

ዓሳ ዚምገብ እንስሳ ባሕሪ

tuleň

ጃንር

jaguár

ሓጺር ፈረስ
poník

ነብሪ
leopard

ጉማረ
hroch

ጂራፍ
žirafa

ሊላ
orel

መፍለስ
divoké prase

ዓሳ
ryby

ጎብየ
želva

ዋልሩስ
mrož

ወኻርያ
liška

ሰስሓ
gazela

ናይ አሜሪካ ኩዕሶ እግሪ
americký fotbal

ምዝዋር ብሽግለታ
cyklistika

ተኒስ
tenis

ባስኬትባል
košíková

ምሕምባስ
plavání

ቦክሲንግ
box

ሆኪ በረድ
lední hokej

ኩዕሶ እግሪ
kopaná

ባድሚንተን
badminton

እስፖርታዊ ንጥፈታት
lehká atletika

ኩዕሶ ኢድ
házená

ስኪ
běh na lyžích

ፖሎ
vodní pólo

ሰሓቐ
smát se

ነጠረ
skočit

ሓቖፈ
objímat

ከደ
jít

ደረፈ
zpívat

ጸለየ
modlit se

ሰዓመ
políbit

ሓለመ
snít

ጸሓፈ
psát

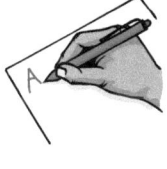

ሰኣለ
kreslit

ኣርኣየ
ukazovat

ደፍአ
llačlt

ሃበ
dát

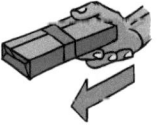

መሰደ
vzít si

አለዎ

mít

ገበረ

dělat

ኮነ

být

ጠጠዉ በለ

stát

ጎየየ

běhat

ሰሓበ

táhnout

ሰንደዎ

hodit

ወደቐ

padat

ሓሰዎ

ležet

ተጸበየ

čekat

ሰከም

nosit

ኮፍ በለ

sedět

ተኸድነ

oblékat

ደቀሰ

spát

ተስአ

vzbudit se

ረኣየ

prohlédnout si

በኸየ

plakat

ብኣጻብዑ ደረዘ

pohladit

መሸጠ

česat

ተዛረበ

hovořit

ተረድአ

rozumět

ሓተተ

ptát se

ሰምዐ

slyšet

ሰተየ

pít

በልዐ

jíst

ኣጽመጠ

uklidit

ኣፍቀረ

milovat

ከሽነ

vařit

ዘወረ

jet

ነፈረ

letět

ብመርከብ ገየሽ

plachtit

ደመረ

počítat

አንበበ

číst

ተመሃረ

učit se

ሰርሐ

pracovat

መርዓወ

vzít si

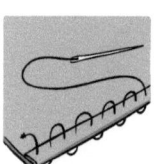

ሰፈየ

šít

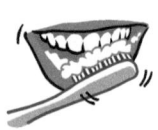

ጽሬት አስናን

čistit si zuby

ቀተለ

zabít

ሽጋራ ተከኸ

kouřit

ሰደደ

poslat

ዓባየ
babička

አቦሓጎ
dědeček

እቦ
otec

አደ
matka

ማማይ
dítě

ጓል
dcera

ወዲ
syn

ጋሻ
....
host

ሓትኖ
....
teta

እኮ
....
strýc

ሓው
....
bratr

ሓፍቲ
....
sestra

ኣካላት

tělo

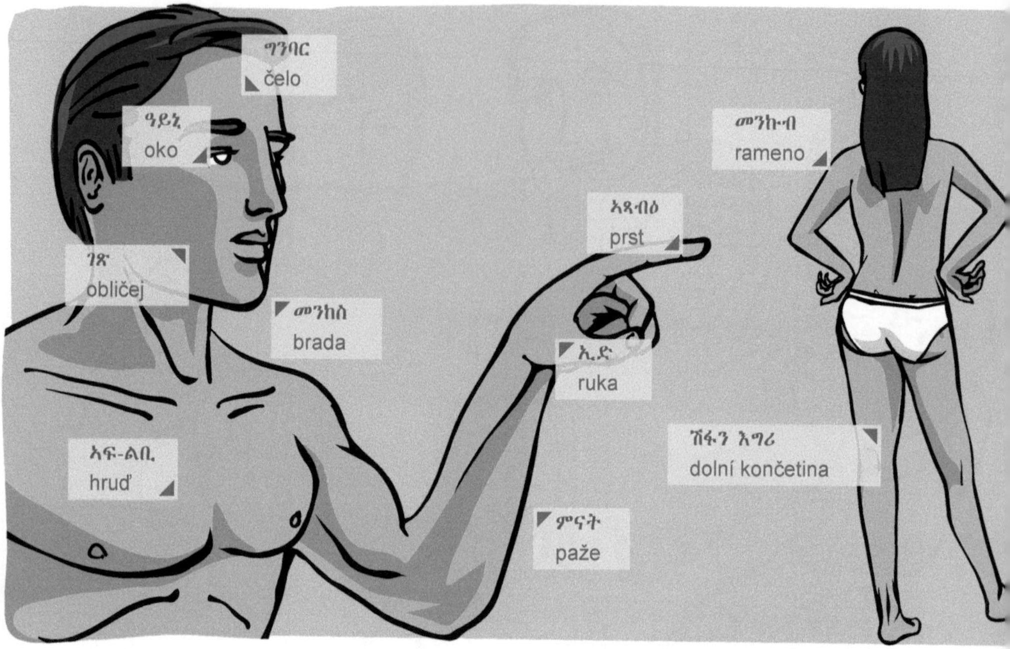

ግንባር
čelo
ዓይኒ
oko
ገጽ
obličej
መንከስ
brada
መንኩብ
rameno
ኣጻብዕ
prst
ኢድ
ruka
ሽፋን እግሪ
dolní končetina
ኣፍ-ልቢ
hruď
ምናት
paže

ማማይ

dítě

ሰብኣይ

muž

ሰበይቲ

žena

ጓል

dívka

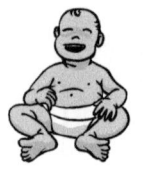

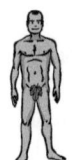

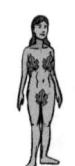

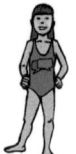

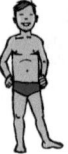

ወዲ

chlapec

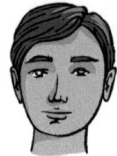

ርእሲ

hlava

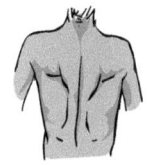

ሕቖ
....
záda

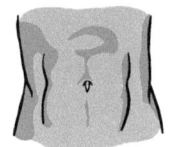

ከስዐ
....
břicho

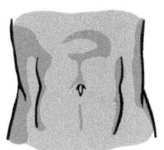

ሕምብርቲ
....
pupík

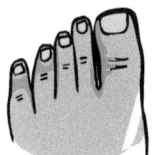

ኣጻብዕ እግሪ
....
prst na noze

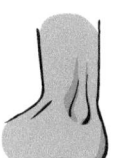

ኩርኵረ
....
pata

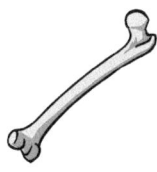

ዓጽሚ
....
kost

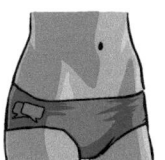

ምሕኩልቲ
....
bok

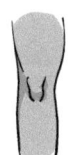

ብርኪ
....
koleno

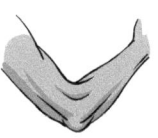

ፍግፍጉ
....
loket

ኣፍንጫ
....
nos

መዓኮር
....
zadek

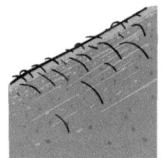

ቆርበት
....
kůže

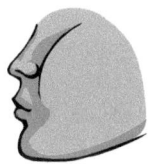

ምዕጕርቲ
....
tvář

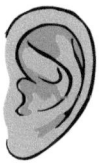

እዝኒ
....
ucho

ከንፈር
....
ret

አካላት - tělo

አፍ

ústa

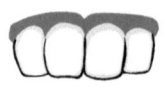

ስኒ

zub

መልሓስ

jazyk

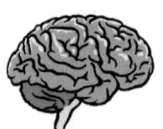

ሓንጎል

mozek

ልቢ

srdce

ጭዋዳ

sval

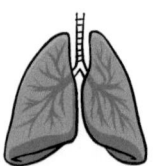

ሳንቡእ

plíce

ጸላም ከብዲ

játra

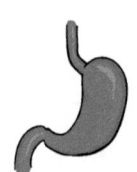

ከብዲ

žaludek

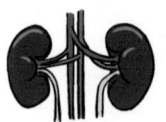

ኩሊት

ledviny

ግብሪ ስጋ

pohlavní styk

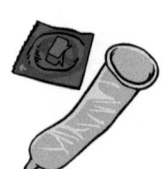

ኮንዶም

kondom

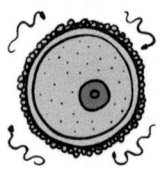

እንቋቍሓ

vajíčko

ዘርኢ ተባዕታይ

sperma

ጥንሲ

těhotenství

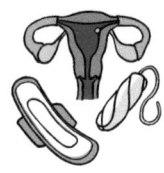

ጽግያት
menstruace

ርሕሚ
vagina

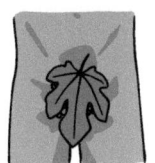

መትሎ
penis

ሽፋሽፍቲ
obočí

ጸግሪ
vlasy

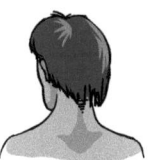

ክሳድ
krk

ሆስፒታል
nemocnice

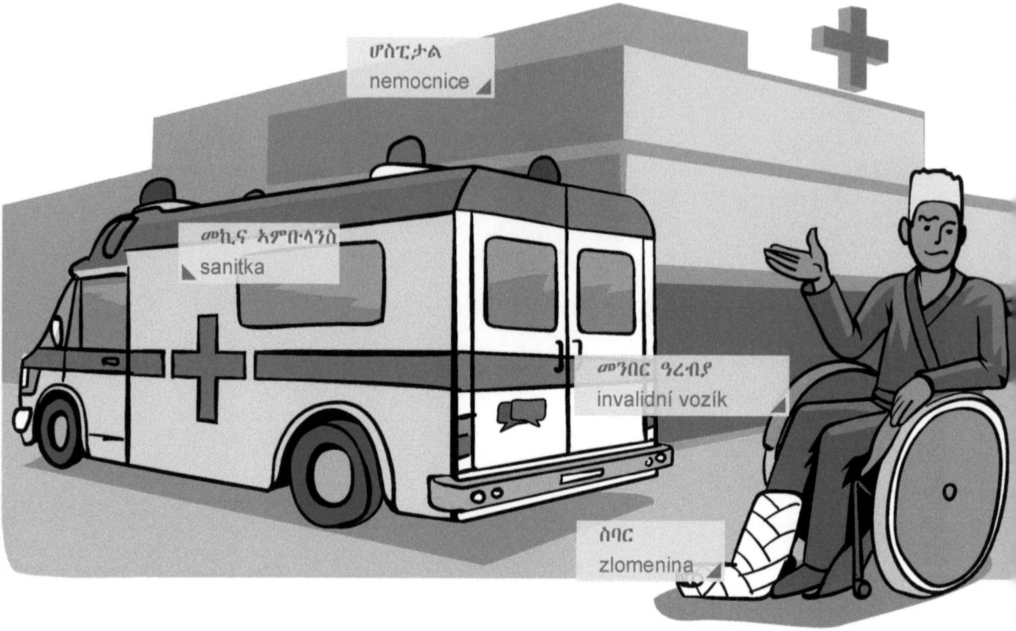

መኪና አምቡላንስ
sanitka

መንበር ዓረብያ
invalidní vozík

ስባር
zlomenina

ሓኪም

lékař

ክፍሊ ህጹጽ ረድኤት

pohotovost

አላይት

zdravotní sestra

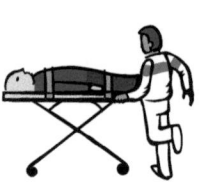

ህጹጽ ኩነት

urgentní případ

ውነኡ ዘጥፍአ

v bezvědomí

ቃንዛ

bolest

ጉድኣት

úraz

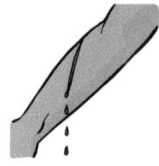

ደም

krvácení

ማህረምቲ

infarkt myokardu

ማህረምቲ

:évní mozková příhoda

ኣለርጂ

alergie

ሰዓል

kašel

ረስኒ

horečka

ኡንፍልወንዛ

chřipka

ውጽኣት

průjem

ቃንዛ ርእሲ

bolest hlavy

መንሽሮ

rakovina

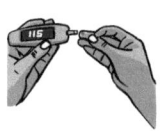

ሹኮርያ

cukrovka

ሓኪም መጥባሕቲ

chirurg

መጥብሒ

skalpel

መጥባሕቲ

operace

CT

CT

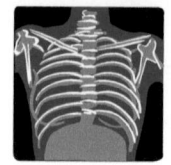

ራጅ

rentgen

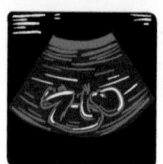

ልዕለ ድምጸዊ

ultrazvuk

መሸፈኒ ገጽ

maska

ሕማም

nemoc

ክፍሊ ምጽባይ

čekárna

ምርኩስ

berle

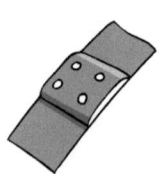

መጅነኒ ቊስሊ

náplast

መጅነኒ

obvaz

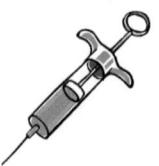

መርፍዕ ምውጋእ

injekce

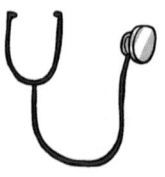

ስተቶስኮፕ

stetoskop

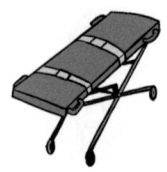

መሰከሚ ሕማም

nosítka

ቴርሞመተር

teploměr

ትውልዲ

porod

ልዕለ-ሚዛን

nadváha

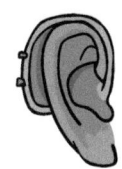

ሓገዝ ምስማዕ
naslouchátko

ኣንጻሂ
dezinfekční prostředek

ልበዳ
infekce

ቫይረስ
virus

ኤድስ
HIV / AIDS

ሕክምና
lékařství

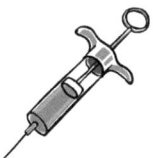

ክታብ
očkování

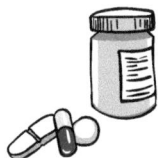

ከኒና
tablety

ከኒና
pilulka

ህጹጽ ምድዋል
tísňové volání

መዕቀኒ ጸቕጢ ደም
tonometr

ሕሙም / ጥዑይ
nemocný / zdravý

ሓገዝ

Pomoc!

ኣላርም

poplach

ምህጃም

přepadení

መጥቃዕቲ

napadení

ድንገት

nebezpečí

ህጹጹ መውጽኢ

nouzový východ

ሓዊ!

Hoří!

መጥፍኢ ሓዊ

hasicí přístroj

ሓደጋ

nehoda

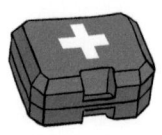

ሳንጣ ቀዳማይ ረድኤት

zdravotnická brašna

SOS

SOS

ፖሊስ

policie

ኤውሮጳ

Evropa

ሰሜን አመሪካ

Severní Amerika

ደቡብ አመሪካ

Jižní Amerika

አፍሪቃ

Afrika

ኤስያ

Asie

አውስትራልያ

Austrálie

አትላንቲክ

Atlantik

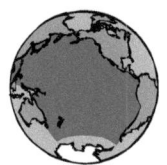

ፓሲፊክ

Pacifik

ህንዳዊ ዉቅያኖስ

Indický oceán

አንታርቲካዊ ዉቅያኖስ

Jižní ledový oceán

አርክቲካዊ ዉቅያኖስ

Severní ledový oceán

ሰሜናዊ ዋልታ

severní pól

ደቡባዊ ዋልታ

jižní pól

አንታርቲካ

Antarktida

ምድሪ

země

መሬት

pevnina

ባሕሪ

moře

ደሴት

ostrov

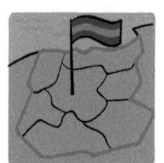

ሃገር

národ

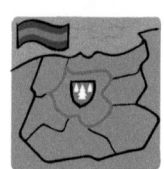

ዓዲ

stát

78

ምድሪ - země

ገጽ ሰዓት

ciferník

አመልካቲ ሰዓታት

hodinová ručička

አመልካቲ ደቓይቕ

minutová ručička

አመልካቲ ካልኢት

vteřinová ručička

ሰዓት ክንደይ ኣሎ?

Kolik je hodin?

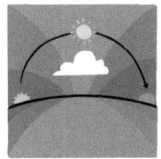

መዓልቲ

den

ግዜ

čas

ሕጂ

teď

ዲጊታል ሰዓት

digitální hodinky

ደቓይቕ

minuta

ሰዓት

hodina

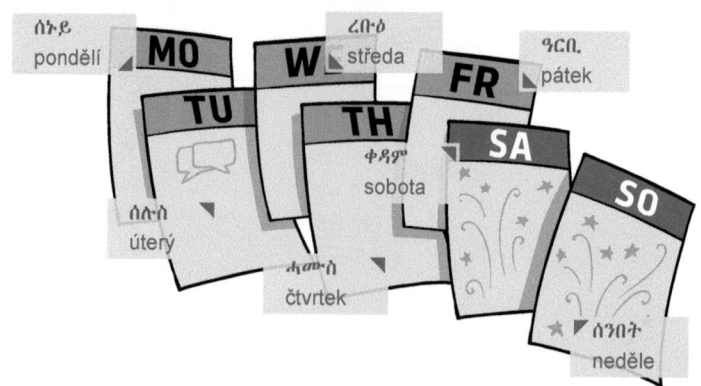

ሰኑይ
pondělí — **MO**

W — ረቡዕ středa

ዓርቢ — **FR** pátek

TU

ሰሉስ úterý

TH

ቀዳም — **SA** sobota

ሓሙስ čtvrtek

SO

ሰንበት neděle

ትማሊ
....
včera

ሎሚ
....
dnes

ጽባሕ
....
zítra

ንግሆ
....
ráno

ቀትሪ
....
poledne

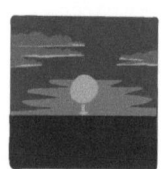

ምሸት
....
večer

MO	TU	WE	TH	FR	SA	SU
1	2	3	4	5	6	7
8	9	10	11	12	13	14
15	16	17	18	19	20	21
22	23	24	25	26	27	28
29	30	31	1	2	3	4

መዓልታት ስራሕ
....
pracovní dny

MO	TU	WE	TH	FR	SA	SU
1	2	3	4	5	6	7
8	9	10	11	12	13	14
15	16	17	18	19	20	21
22	23	24	25	26	27	28
29	30	31	1	2	3	4

መወዳእታ ሰሙን
....
víkend

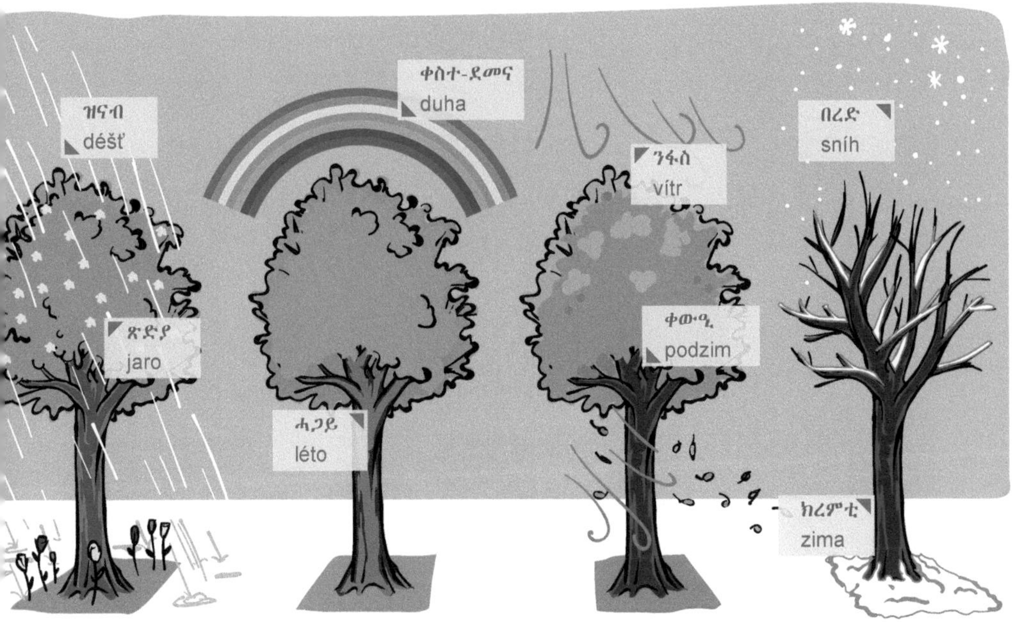

ዝናብ
déšť
ቀስተ-ደመና
duha
ንፋስ
vítr
በረድ
sníh
ጽድያ
jaro
ሓጋይ
léto
ቀውዒ
podzim
ክረምቲ
zima

4.APRIL 11°
5.APRIL 4°
6.APRIL 13°
7.APRIL 8°
8.APRIL 10°

ትንቢት ኩነታት ኣየር

předpověď počasí

F
C
120
90
60
30
0
-30
40
30
20
10
0
-10
-20

ቴርሞመተር

teploměr

ብርሃን ጸሓይ

sluneční svit

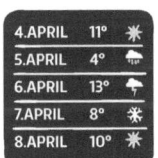

ደበና

mrak

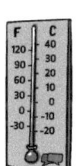

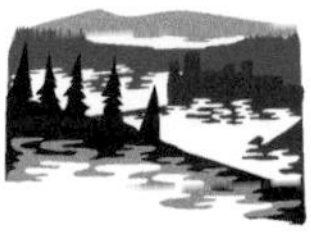

ግመ

mlha

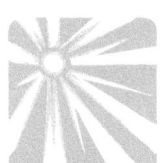

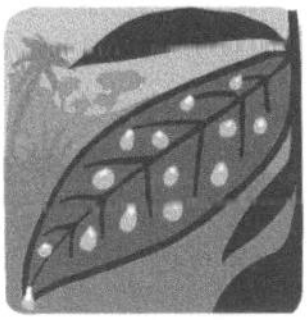

ጠሊ

vlhkost

ብርቂ

blesk

ነጕዳ

hrom

ህቦብላ

bouřka

በረድ

kroupy

ብርቱዕ ህቦብላ

monzun

ውሕጅ

povodeň

በረድ

led

ጥሪ

leden

ለካቲት

únor

መጋቢት

březen

ሚያዝያ

duben

ጉንበት

květen

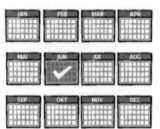

ሰነ

červen

ሓምለ

červenec

ነሓሰ

srpen

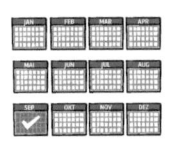

መስከረም
....
září

ጥቅምቲ
....
říjen

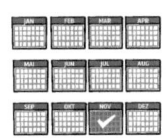

ሕዳር
....
listopad

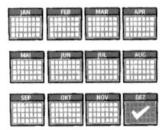

ታሕሳስ
....
prosinec

ቅርጻታት

tvary

ዙርያ
....
kruh

ትርብዒት
....
čtverec

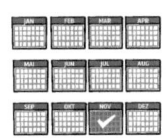

ቅኑዕ ርቡዕ ኲርናዕ
....
obdélník

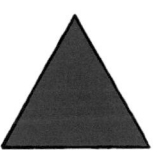

ስሉስ ኲርናዕ
....
trojúhelník

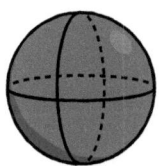

ክቢ
....
koule

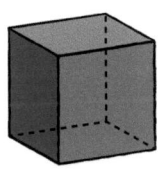

ኩቦ
....
krychle

ጸዕዳ

bílá

ብጫ

žlutá

ኣራንሺ

oranžová

ፒንክ

růžová

ቀይሕ

červená

ጃኽ

fialová

ሰማያዊ

modrá

ቀጠልያ

zelená

ቡናዊ

hnědá

ሓሙኽሽታይ

šedá

ጸሊም

černá

ብዙሕ / ውሑድ
hodně / málo

ሕሩቕ / ሰላማዊ
rozzuřený / mírumilovný

ጽቡቕ / ክፉእ
krásný / ošklivý

መጀመርያ / መወዳእታ
začátek / konec

ዓቢ / ንእሽቶ
velký / malý

ብሩህ / ጸልማት
světlý / tmavý

ሓው / ሓፍት
bratr / sestra

ጽሩይ / ርሳሕ
čistý / špinavý

ምሉእ / ዘይምሉእ
úplný / neúplný

መዓልቲ / ለይቲ
den / noc

ሙዉት / ህልው
mrtvý / živý

ሰፊሕ / ጸቢብ
široký / úzký

ደስ ዘበል / ደስ ዘይብል

jedlý / nejedlý

እኩይ / ህያዋይ

zlý / hodný

ርቡጽ / ስልኩይ

vzrušený / znuděný

ረጊድ / ቀጢን

tlustý / hubený

ቀዳማይ / ናይ መወዳእታ

nejdříve / naposledy

ዓርኪ / ጸላኢ

přítel / nepřítel

ምሉእ / ባዶ

plný / prázdný

ተሪር / ልስሉስ

tvrdý / měkký

ከቢድ / ፈኩስ

těžký / lehký

ጥምየት / ጽምየት

hlad / žízeň

ሕሙም / ጥዑይ

nemocný / zdravý

ዘይሕጋዊ / ሕጋዊ

ilegální / legální

መስተውዓሊ / ስዲ

inteligentní / hloupý

ጸጋም / የማን

vlevo / vpravo

ቐረባ / ርሑቕ

blízko / daleko

86   አንጻራት - protiklady

ሓዲሽ / ብሉይ
nový / použitý

ዋላ ሓደ / ገለ
nic / něco

ዓቢ/ኣረጊት / መንእሰይ
starý / mladý

ወልዕ / ኣጥፍእ
zapnutý / vypnutý

ክፉት / ዕጹው
otevřeno / zavřeno

ህዱእ / ዓው
tichý / hlasitý

ሃብታም / ድኻ
bohatý / chudý

ቅኑዕ / ግጉይ
správný / špatný

ሓርፋፍ / ልሙጽ
drsný / hladký

ጉሁይ / ሕጉስ
smutný / šťastný

ሓጺር / ነዊሕ
krátký / dlouhý

ቀስ / ቅልጡፍ
pomalý / rychlý

ጥሉል / ገፋጽ
vlhký / suchý

ምዉቕ / ዝሑል
teplý / chladný

ውግእ / ሰላም
válka / mír

0	**1**	**2**
ዜሮ	ሓደ	ክልተ
nula	jedna	dva
3	**4**	**5**
ሰለስተ	አርባዕተ	ሓሙሽተ
tři	čtyři	pět
6	**7**	**8**
ሽዱሽተ	ሸውዓተ	ሸሞንተ
šest	sedm	osm
9	**10**	**11**
ትሽዓተ	ዓሰርተ	ዓሰርተ ሓደ
devět	deset	jedenáct

12
ዓሰርተ ክልተ

dvanáct

13
ዓሰርተ ሰለስተ

třináct

14
ዓሰርተ አርባዕተ

čtrnáct

15
ዓሰርተ ሓሙሽተ

patnáct

16
ዓሰርተ ሽዱሽተ

šestnáct

17
ዓሰርተ ሸውዓተ

sedmnáct

18
ዓሰርተ ሸሞንተ

osmnáct

19
ዓሰርተ ትሽዓተ

devatenáct

20
ዕስራ

dvacet

100
ሚእቲ

sto

1.000
ሽሕ

tisíc

1.000.000
ሚልዮን

milion

እንግሊዝኛ

angličtina

አመሪካዊ እንግሊዛዊ

americká angličtina

ቻይናዊ ማንዳሪን

standardní čínština

ሂንዳዊ

hindština

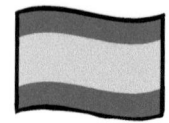

እስጳኛዊ

španělština

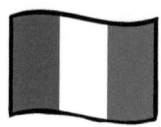

ፈረንሳዊ

francouzština

ዓረባዊ

arabština

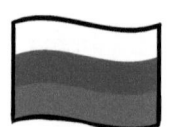

ሩሲያዊ

ruština

ፖርቱጋላዊ

portugalština

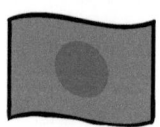

በንጋሊ

bengálština

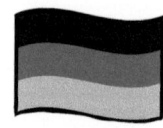

ጀርመናዊ

němčina

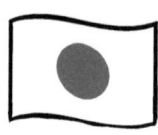

ጃፓናዊ

japonština

አነ

já

ንስኻ/ኺ.

ty

ንሱ / ንሳ / ንሱ

on / ona / ono

ንሕና

my

ንስኻ

vy

ንሳቶም

oni

መን?

Kdo?

እንታይ?

Co?

ከመይ?

Jak?

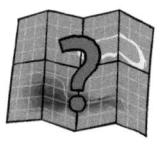

አበይ?

Kde?

መዓስ?

Kdy?

ሽም

jméno

ድሕሪ

za

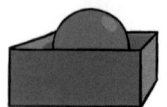

አብ

do

አብ ቅድሚ

z

አብ ላዕሊ

nad

አብ ልዕሊ

na

ትሕቲ ምድሪ

mezi

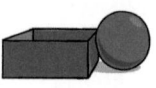

አብ ጥቓ

vedle

አብ መንጎ

mezi

ቦታ

místo